AF555321

LETTRES
SUR L'ALGÉRIE

LETTRES

SUR L'ALGÉRIE

PAR

X. MARMIER

PARIS

ARTHUS BERTRAND, ÉDITEUR

Libraire de la Société de Géographie, rue Hautefeuille, 23

DE L'IMPRIMERIE DE CRAPELET

1847

BIBLIOGRAPHIE

DES ÉTATS BARBARESQUES

ET SPÉCIALEMENT DE L'ALGÉRIE

DEPUIS LA CONQUÊTE DE CETTE CONTRÉE PAR LES ARABES JUSQU'EN 1847[1].

Abulfedæ Africa, arabice et latine, curante Joannes Godofredus Eichhorn. Gottingæ, 1791, in-8.

Géographie d'Aboulféda, texte arabe, publié d'après les manuscrits de Paris et de Leyde, aux frais de la société asiatique, par MM. Reynaud et Mac-Kuckin de Slane, in-4. Paris, 1837.

Les Prairies d'or et les Mines de pierres précieuses, histoire universelle, par Aboul-Hassan-Aly, fils d'Alkaïr, fils d'Aly, fils d'Abderrahman, et surnommé Masoudi, manuscrits arabes de la Bibliothèque royale, n° 598; in-4.

M. de Guignes a donné un examen critique de l'histoire universelle d'Aboul-Hassan dans les Notices et Extraits des

[1] Nous devons les principaux éléments de cette bibliographie à l'affectueuse obligeance de M. A. Guilbert, l'auteur du remarquable livre qui parut, en 1839, sous le titre de : *La Colonisation du nord de l'Algérie*.

manuscrits de la Bibliothèque du roi, t. Ier. On trouve aussi, dans le même recueil, t. VIII, un Essai de M. Silvestre de Sacy sur les ouvrages de Masoudi, et particulièrement sur son livre de l'Indication et de l'Admonition. Cet historien arabe écrivait vers l'an de l'hégire 336, c'est-à-dire dans le xe siècle de l'ère chrétienne.

Geschichte der Mauritanischen Kônige, verfasst von dem arabischen Geschichtschreiber Ebul-Hassan Aly Ben Abdallah. Aus dem Arabischen übersetzt, und mit anmerkungen erlautert von Franz von Dombay. Agram, 1794, 1 vol. in-8.

L'odeur des Fleurs dans les merveilles de l'univers, cosmographie composée en arabe par le savant historien Mohammed, Ben-Ahhmed, Ben-Ayâs, de la secte orthodoxe d'Abou-Hhanifah, natif de Circassie. Manuscrits de la Bibliothèque du roi, n° 595.

M. Langlès, dans le tome VIII des Notices et extraits, a fait l'analyse de cet ouvrage, où l'on trouve de précieuses indications et des remarques intéressantes sur l'Afrique septentrionale.

The oriental Geography of Ebn-Haukal, an Arabian traveller of the tenth century. Translated by W. Ouseley. London, 1800, in-4.

Notice d'un manuscrit arabe de la Bibliothèque du roi, contenant la description de l'Afrique, par M. Quatremère, membre de l'Académie des Inscriptions et Belles-Lettres. Imprimerie royale, 1831, in-4.

Géographie d'Edrisi, traduite de l'arabe en français, d'après deux manuscrits de la Bibliothèque du roi, et accompagnée de notes par M. Amédée Jaubert, t. Ier, in-4. Paris, 1836, t. II, 1840. Imprimerie royale.

The travels of Ibn Batuta; translated from the abridged Arabic manuscript copies preserved in the public library of Cambridge. With notes illustrative of the history, geography, botany, antiquities, etc., occurring throughout the work. By the Rev. Samuel Lee. B. D. Printed for the Oriental translation Committee. London, 1829, in-4.

Le scheick Ibn Batuta nous apprend lui-même qu'il partit de Tanger, sa ville natale, pour accomplir ses voyages en Afrique et en Asie, dans l'année 725 de l'hégire, ce qui revient aux années 1324-1325 de notre ère (p. 2 et 3).

The seventh part of the Book of examples and of the Diwan of the Commencements and Accounts, on the times of the Arabs, Persians, and Berbers, and other contemporary with them, who came into supreme power; a publication of the Priest and learned Sheikh the very learned Wali Oddin, Abu Zaid, Abd el Rahman.

L'histoire des Berbères d'Abd-el-Rahman paraît avoir été terminée dans l'année 1008 de l'hégire, ou 1599 de l'ère chrétienne. Selon le révérend Samuel Lee, le manuscrit arabe, dont nous venons de donner le titre, fait actuellement partie de la collection du révérend Richard Edward Kerrick. Il est extrêmement rare et forme un volume in-4. (Ibn Batuta, pref., p. xvi et xvij.)

Grammaye Africae illustrae libri X. Tournay, 1622, in-4.

Études de Géographie critique sur une partie de l'Afrique septentrionale, Itinéraires de Hhaggy Ebn-el-Dyn el Agouathy, avec des annotations et remarques géographiques, une notice sur la construction d'une carte de cette région, et un appendice sur l'emploi de quelques nouveaux documents pour la rectification du tracé géodésique des mêmes contrées, par M. Davesac. 1 vol. in-8, Paris, 1836.

Historia dos soberanos mahometanos das primeiras quatro

dynastias, e de parte da quinta, que Reinarâo na Mauritania, escripta em arabe por Abu-Mohammed Assaleh, filho de Abd-el-Halim, natural de Grenada, e traduzida e annotada por Fr. Jose de Santo Antonio Moura. Lisboa, 1828, petit in-4.

Abou-Mohammed écrivait au commencement du quatorzième siècle. « C'est le seul auteur vraiment classique qui mérite le titre d'historien des Maures, » selon l'observation de Jacques Groberg.

Joan. Leon. Africani Africæ Descriptio. Lugd. Batav. 1632, Elzevir, 2 vol. in-12.

Description de l'Afrique, tierce partie du monde, contenant ses royaumes, régions, villes, cités, châteaux, îles, fleuves, etc., écrite de notre temps par Jean Léon Africain. Lyon, 1556, chez Jean Temporal, in-fol.

Primera parte de la descripcion general de Affrica, etc., por el veedor Luys del Marmol. Granada, 1573, 2 vol. in-fol.

Segunda parte de la descripcion general de Affrica, etc., dirigida al rey don Phelipe nuestro senor segundo deste nombre. Malaga, 1599, in-fol.

L'Afrique de Marmol, de la traduction de Nicholas Perrot, sieur d'Ablancourt, enrichie des cartes géographiques de M. Sanson, géographe ordinaire du roi. Paris, 1657. 3 vol. in-4.

La historia dell'impressa di Tripoli di Barbaria, fatta per ordine del sereniss. Re catolico, l'anno 1566. In Venezia, 1576.

Chronica de la vida y admirables hechos del muy alto y muy poderoso senor Muley-Abdelmelech, emperador de Marruecos y rey de los reynos de Feez. Compuesta por

Fray Juan Baptista. 1576, in-4, sans désignation de lieu.

Relacion del origen y sucesso de los Xarifes y del estado de los reinos de Marruecos, Fez, Tarudate, etc. Compuesta por Diego de Torres. En Sevilla, 1585, in-4.

Voyages d'Afrique, où sont contenues les navigations des Français, entreprises en 1629 et en 1630, sous la conduite de Razilly, ès côtes occidentales des royaumes de Fez et Maroc; le tout recueilli et illustré de curieuses observations par Jean Armand dit Mustapha, turc de nation, 1 vol. in-8. Paris, 1631, chez Trabouillet.

Relation de l'origine et succès des Chérifs et de l'état des royaumes de Maroc, Fez et Tarudant et autres provinces qu'ils usurpèrent; faite et écrite en espagnol par Diégo de Torrès, mise en français par C. D. V. D. P. Paris, 1637, in-4.

A true historical discourse of Muley Hamets rising to the three kingdomes of Moroccos, Fes and Sus. The disunion of the three kingdomes by civill warre. The religion and policy of the More, or Barbarian. London, 1609, in-8.

Topographia e historia general de Argel, repartida en cinco tradados, ect., por el Maestro Fray Diego de Haedo. Valladolid, 1612, in-fol.

Late newes of Barbary. London, 1613, in-4.

The arrivall and entertainment of the embassador Ben Abdella, with his associate Mr. Robert Blake, from the high and mighty prince, Mulley Mahamed Sheque, Emperor of Morocco, king of Fesse and Susse. Likewise God's exceeding mercy manifested in the happy redemption of three hundred and two of his majesty's poore subjects, who had beene long in miserable slavery at Salley in Barbary. London, 1637, in-4.

A relation of seaven yeares slaverie under the Turkes of Argeire, suffered by an English captive merchant. Wherein is also conteined all memorable passages, fights, and accidents, which happined in that citie and at sea, etc. Whereunto is added a second book conteining a description of Argeire, with its originall manner of government, increase and present flourishing state. By Francis Knight. London, 1640, petit in-4.

A relation of the whole proceeding concerning the redemption of the captives of Algier and Tunis. London, 1647, in-4.

Les triomphes de la charité du P. Lucien Hérault, ou relation de ce qui s'est passé dans la sortie des captifs de la ville d'Alger, qui y avaient été arrêtés après sa mort. Paris, 1648, in-8, chez Boulanger.

Histoire de Barbarie et de ses corsaires, des royaumes et des villes d'Alger, de Tunis, de Salé, de Tripoli, où il est traité de leur gouvernement, de leurs mœurs, de leurs cruautés, de leurs brigandages, de leurs sortiléges et de plusieurs autres particularités remarquables, par le R. P. F. Dan, bachelier en théologie et supérieur du couvent de l'ordre de la Sainte-Trinité pour la rédemption des captifs. 2e édition, Paris, 1649, 1 fort vol. in-fol.

Historia dell' Africa, della divisione dell' imperio degli Arabi et dell' origine et dei progressi della monarchia de Mahometani distesa per l' Africa e per le Spagne; scritta dal dottor Gio. Birago, avogado. In Venetia, 1650, petit in-4.

Le tableau de l'Afrique, où sont représentés les royaumes, républiques, principautés, îles, presqu'îles, forts, etc., de cette seconde partie du monde, par Chaulmer. Paris, 1654, in-12.

Le miroir de la charité chrétienne, ou relation du Voyage que les religieux de l'ordre de Notre-Dame de la Merci, du royaume de France, ont fait l'année dernière, 1662, en la ville d'Alger, d'où ils ont ramené une centaine de chrétiens esclaves. Ouvrage composé par l'un des Pères Rédempteurs du même ordre. Aix, 1663, in-12.

A la fin de cet ouvrage, l'auteur a ajouté, en forme d'appendice, une suite de la même relation, où il est succinctement traité de plusieurs choses curieuses concernant le gouvernement, la milice et la religion des habitants d'Alger.

Description exacte des diverses contrées de l'Afrique, traduite du hollandais de Dapper. Amsterdam, 1686, in-fol.

Escuela de Trabajos, en quatro libros dividad : primero, del cavtiverio mas cruèl y tyrano; secundo, noticias y governo de Arjel; tercero, necessitad de la redempcion de cavtivos christianos; quarto, el mejor cavtivo rescatado. Madrid, 1670, in-4.

Relation de la captivité du sieur Emmanuel d'Aranda, esclave à Alger; plusieurs particularités dignes de remarque. La Haye, 1657, et Leyde, 1671, in-12.

L'heureux Esclave, ou Relation des aventures de La Martinière, comme il fut pris par les corsaires de Barbarie et délivré. Paris, 1674, petit in-12, chez Olivier de Varenne.

Relation des mœurs et du gouvernement des Turcs d'Alger, par le sieur de Roqueville. Paris, 1675, in-12.

Roqueville nous apprend que, gentilhomme provençal et neveu du comte de Meslé, intendant de justice pour le roi en Provence, il a été esclave à Alger et réduit pendant neuf ans à la condition de porteur d'eau. (Avertissement, p. 1.)

La Barbarie occidentale, ou courte relation des révolutions opérées dans les royaumes de Fez et de Maroc, par Lancelot Addisson. Londres, 1674, in-8.

Le même auteur a publié un ouvrage intitulé : État présent des juifs, et particulièrement de ceux des États barbaresques. Londres, 1675, in-8.

Relacion del viage espiritual y prodigioso que hizo a Marruecos el padre Fray Juan de Padro, escrita por el pad. Fray Matias de san Francisco. Cadiz, 1675, petit in-4.

Relation curieuse des États du roi de Fez et de Maroc, qui règne aujourd'hui, avec une description des ports et places fortes des Espagnols, des Anglais, des Portugais et du roi de Maroc aux côtes de Barbarie. Paris, 1682, in-12.

Relation nouvelle et particulière du voyage des R. R. P. P. de la Merci, aux royaumes de Fez et de Maroc, pour la rédemption des captifs chrétiens, négociée en l'année 1681, avec Mouley-Ismaël, par L. Desmay. Paris, 1682, in-12.

Relation d'un voyage fait en 1666 aux royaumes de Maroc et de Fez, pour l'établissement du commerce avec la France, avec une description des États du roi de Tafilette, par Roland Fréjus. In-12, Paris, chez la veuve Clouzier.

The speech of Hadgi Giafer aga, Embassador from the Divan of Algier to his most Christian Majesty at Versailles. London, 1684, in-fol.

Relation de la captivité du sieur Mouette, dans les royaumes de Fez et de Maroc, où il a demeuré pendant onze ans. Paris, 1683, in-12.

Histoire des conquêtes de Mouley-Archi, connu sous le nom de roi de Tafilette, et de Mouley-Ismaël, ou Séméin, son frère et son successeur, contenant une description de ces royaumes, des lois, des coutumes et des mœurs des habitants, par G. Mouette. Paris, 1683, in-12.

Le Bouclier de l'Europe ou la guerre sainte, avec une relation de voyages faits dans la Turquie, la Thébaïde et la Barbarie, par le R. P. Jean Coppin. 1 vol. in-4, à Lyon, 1686, chez Buisson.

Relation universelle de l'Afrique ancienne et moderne, où l'on voit ce qu'il y a de remarquable, tant dans la terre ferme que dans les îles, avec ce que le roi a fait de mémorable contre les corsaires de Barbarie, par le sieur de la Croix. Paris, 1688, chez Amaulry, 4 vol. in-12.

Histoire des dernières révolutions du royaume de Tunis et des mouvements du royaume d'Alger. Paris, chez Jacques Lefebvre, 1689, in-12.

État présent de l'empire de Maroc, par Pidou de Saint-Olon. Paris, 1694, chez Brunet, in-12.

On doit aussi à ce diplomate une relation de l'empire de Maroc, où l'on voit la situation du pays, les mœurs, coutumes, gouvernement, religion et politique des habitants. Paris, 1695, chez Cramoisy, in-12.

Schauplatz barbarischer Sclaverei. Hambourg, 1694, in-8.

Three miseries of Barbary : Plague, Famine and Civill Warre. With a relation of the death of Mohamet, the late Emperor : and a brief report of the now present warre between the three brothers. London, in-4, sans date.

État des royaumes de Barbarie, Tripoli, Tunis et Alger, contenant l'histoire naturelle et politique de ces pays, la manière dont les Turcs y traitent les esclaves et comme on les rachète, avec la tradition de l'Église pour le rachat ou le soulagement des captifs. Rouen, 1703, et La Haye, 1704, in-12.

Relation abrégée de la ville et du royaume de Barbarie, par F. P. de la Croix.

Manuscrit original, signé de l'auteur. Voyez le catalogue de la bibliothèque de M. Langlès, p. 430.

Relation des états de Fez et de Maroc, publiée par Simon Ockley, traduit de l'anglais. Paris, 1726, chez Pissot, in-12.

Histoire de Muley-Ismaël, par le père Busnot. Rouen, 1714, in-12.

Relation de ce qui s'est passé dans les trois voyages que les religieux de l'ordre de Notre-Dame de la Merci ont faits dans les États du roi de Maroc, pour la rédemption des captifs, en 1704, 1708 et 1712, par un des pères, député pour la rédemption de la congrégation de Paris du même ordre. Dédié aux évêques de Bretagne. Paris, 1724, in-12.

Purchas. His pilgrims in seven bookes. The seventh contayning navigations, voyages, and land discoveries, with other historical relations of Africa. London, 1625, 5 vol. in-fol.

Histoire du royaume d'Alger, avec l'état présent de son gouvernement, de ses forces de terre et de mer, de ses revenus, police, justice, politique et commerce, par Laugier de Tassy. Amsterdam, 1725, et Paris, 1787, 2 vol. in-12.

A journey to Mequinez, the residence of the present emperor of Fez and Morocco, on the occasion of commodore Stewart's embassy in 1721. By John Windhus. London, 1725, in-4.

Hogan and Robert's Embassies to Morocco.

On trouve cette narration dans le tome II de la collection de Hackluyt.

Relation en forme de journal, pour la rédemption des captifs, aux royaumes de Maroc et d'Alger, pendant les années 1723, 1724 et 1725, par les pères Jean de la Faye, Denis Mackar, Augustin d'Arcisas et Henry Leroy, députés de l'ordre de la Sainte-Trinité, dit des Mathurins. Paris, 1726. Dédié à la reine. 1 vol. in-12.

Voyage d'un missionnaire de la compagnie de Jésus (le père Vilotte) en Turquie, en Perse, en Arménie et en Barbarie. Paris, 1730, chez Jacques Vincent, in-12.

Voyage pour la rédemption des captifs aux royaumes d'Alger et de Tunis, fait en 1720 par les pères François Comelin, Philémon de la Motte et Joseph Besnard, de l'ordre de la Sainte-Trinité, dit des Mathurins. Dédié au roi. Rouen, 1731, in-12.

Histoire des révolutions de l'empire de Maroc, depuis la mort du dernier empereur Muley-Ismaël. Traduite de l'anglais de Braithwaite. Amsterdam, 1731, in-12.

Historia de Tanger, etc., por Menezes. Lisboa, 1731, in-fol.

A complete history of Algiers, to which is prefixed an epitome of the general history of Barbary, from the earliest times, interspersed with many curious passages, not touched on by any writer whatever, by J. Morgan. London, 1732, chez Betterworth, petit in-4.

Hebenstreits Reise nach Algier, Tunis und Tripoli.

Histoire de l'empire des Chérifs en Afrique; relation de la prise d'Oran, par Philippe V; abrégé de la vie de M. de Santa-Cruz, gouverneur de cette ville, etc., par M. ***. Paris, 1733, in-12.

Mémoires du chevalier d'Arvieux, contenant ses voyages à Constantinople, dans l'Asie, la Syrie, la Palestine, l'Égypte, la Barbarie, mis en ordre par le père Labat. Paris, 1735, 6 vol. in-12.

Several voyages to Barbary, containing an historical and geographical account of the country, with the hardships, sufferings, and manner of redeeming christian slaves. By Henry Boyde. London, 1736, in-8.

Historisk och politisk Bestrifning ofwer Sstaden Algier, etc. Stockholm, 1737, chez Pierre Nystrom, in-8.

Cette description historique et politique de l'état d'Alger par Carl Reutelius s'étend depuis 1516 jusqu'à 1732.

Travels or observations relating to several parts of Barbary and the Levant. By Thomas Shaw, D. D. Fellow of queen's College Oxford and F. R. S. Oxford, 1738, in-fol.

Il a paru, en 1746, un supplément à ce savant ouvrage, dans la même ville et dans le même format.

Voyage dans la régence d'Alger, ou description géographique, physique, physiologique, etc., de cet État, par le docteur Shaw. Traduit de l'anglais avec de nombreuses augmentations, par J. Maccarthy. Paris, 1830, 2 vol. in-18.

Nouveau voyage fait au Levant, ès années 1731 et 1732, contenant les descriptions d'Alger, Tunis, etc. Paris, 1742; chez Cailleau, in-12.

Histoire des Arabes sous le gouvernement des Califes, par l'abbé de Marigny. Paris, 1750, 4 vol. in-12.

Histoire complète des corsaires de Barbarie, Alger, Tunis, Tripoli et Maroc, par un gentilhomme qui y a résidé longtemps. Londres, 1750, in-8.

Mémoires concernant l'état présent du royaume de Tunis

et ce qui s'est passé de plus remarquable entre la France et cette régence, depuis 1701 jusqu'à 1752, par M. ***, commissaire de l'escadre de M. Villarzel, en 1752, manuscrit de l'écriture du temps. Voy. le catalogue de la bibliothèque de M. Langlès, p. 431.

Histoire des États barbaresques qui exercent la piraterie, contenant l'origine, les révolutions et l'état présent des royaumes d'Alger, de Tunis, de Tripoli et de Maroc, avec leurs forces, leurs revenus, leur politique et leur commerce. Traduit de l'anglais par Boyer de Prebradé. Paris, 1757, chez Chaubert et Herissant, 2 vol. in-12.

Nouvelle histoire de l'Afrique française, enrichie de remarques sur les usages locaux, les mœurs, la religion et la nature du commerce général de cette partie du monde, par Demanet. Paris, 1767, 2 vol. in-12.

Histoire sommaire de l'Afrique septentrionale, principalement de Maroc, Alger, Tunis et Tripoli, par Auguste Louis Schlœzer. Gottingue, 1775, in-8.

Bibliothèque orientale, ou Dictionnaire universel, par M. d'Herbelot. La Haye, 1777 à 1778, 4 vol. in-4.

Pellegrino Guiotti. Storia di Mori riguardante de loro religione, governo, politica e costumi, Florence, 1775, in-8.

Efterrentinger om Marokos og Fes samlede in denne Landere fra ar. 1760 til 1768 af Georg Host. Kiœbenhavn 1779, in-4.

Voyage dans les États barbaresques de Maroc, Alger, Tunis et Tripoli, ou Lettres d'un des captifs qui viennent d'être rachetés par MM. les chanoines réguliers de la Sainte-Trinité, avec un catalogue de leurs noms. Paris, 1785, in-12.

Cette relation est terminée par une liste « des trois cent treize esclaves français rachetés à Alger, en 1785, et arrivés à Marseille le 9 juillet de la même année. »

Voyage en Barbarie, ou Lettres écrites de l'ancienne Numidie, en 1785 et 1786, sur la religion, les coutumes et les mœurs des Maures et des Arabes bédouins, par l'abbé Poiret. Paris, 1789, 2 vol. in-8.

L'abbé Poiret, pendant ses excursions, fit la rencontre du professeur Desfontaines, comme Hebenstreit avait fait celle du docteur Shaw, cinquante ans plus tôt.

Observations on the city of Tunis and the adjacent country. London, 1786, in-4.

Recherches historiques sur les Maures, et histoire de l'empire de Maroc, par M. Chenier, chargé des affaires du roi auprès de l'empereur de Maroc. Paris, 1787, 3 vol. in-8.

Letters from Barbary, France, Spain, etc. By an English officer. London, 1788, 2 vol. in-8.

Histoire du naufrage et de la captivité de M. Brisson, avec la description des déserts d'Afrique, depuis le Sénégal jusqu'à Maroc. Genève, 1789, in-8.

Mémoire contenant le système de paix et de guerre que les puissances européennes pratiquent à l'égard des régences barbaresques. Traduit de l'italien par le chevalier d'Hénin. Venise, 1788.

Jardinet's letters from Barbary. London, 1789, 2 vol. in-8.

L'Afrique et le peuple africain, par Lamiral. Paris, 1789.

Relation de plusieurs voyages à la côte d'Afrique, à Maroc, au Sénégal, à Gorée, à Galam, etc., tirée des journaux de Saugnier. Paris, 1791, in-8.

A. C. Borhecks. Neue Erdbeschreibung von ganz Africa. Francfort, 1789-1791, 2 vol. in-8.

Nachricht von den innern Lændern von Africa auf einer

1785 nach Tunis unternommenen Reise, aus Berichten der Eingebohrnen gesammelt von August von Einsiedel.

Voyage dans les déserts du Sahara, par M. Follie, officier d'administration dans les colonies, contenant la relation de son naufrage et de ses aventures. Paris, 1792, in-8.

Achmed Ibn Hassan Reiserute von Fes nach Tafilet.

Inséré dans les Memorabilien de H. E. G. Paulus. Lips. 1792.

Voyage dans l'empire de Maroc et le royaume de Fez, fait pendant les années 1790 et 1791, par G. Lamprière, accompagné d'une carte de l'Afrique, par le major Rennel. Traduit de l'anglais par M. de Sainte-Suzanne, 1 vol. in-8. Paris, an IX.

An essay on colonisation particularly applied to the western coast of Africa, with some thoughts on cultivation and commerce. B. C. B. Wadstrom. In two parts. London, 1794, in-4.

Agroll. Bref om Moroko, etc. Stockolm, 1796, in-8.

Bruns Neue systematiche Erdbeschreibung von Africa. Francfort et Nuremberg, 1793 à 1799.

Relations et remarques sur les États algériens. 3 vol. in-8, publiés à Altona, en allemand, de 1798 à 1800.

Voyage de Hornemann dans l'Afrique septentrionale, depuis le Caire jusqu'à Murzouk, capitale du Fezzan, suivi d'éclaircissements sur la géographie de l'Afrique, par Rennell. Traduit de l'anglais par M. ***, augmenté de notes et d'un mémoire, par M. Langlès. Paris, 1803, 2 vol. in-8.

Histoire des Chérifs ou des Empereurs de la famille régnante à Maroc, par Fr. de Dombay. Agram, 1801, petit in-8.

Fragment d'un voyage en Afrique, fait en 1785, 86 et

87, dans les contrées occidentales de ce continent, comprises entre le cap Blanc de Barbarie et le cap de Palmes, par Silv.-Meinrad-Xavier Golberry. Paris, 1802, 2 vol. in-8.

Voyage à Madagascar, à Maroc et aux Indes orientales, par Alexis Rochon. Paris, an x, 3 vol. in-8.

A journal of travels in Barbary in 1801, by James Curtis, with observations on the gum trade of Senegal. London, 1803, in-12.

Tableau historique des découvertes et établissements des Européens dans le nord et dans l'ouest de l'Afrique, jusqu'au commencement du XIXe siècle. Ouvrage publié par la société de géographie. Paris, an XII, 2 vol. in-8.

Travels through the empire of Morocco. By John Buffa. London, 1810, in-8.

Relation de l'esclavage d'un marchand de la ville de Cassis à Tunis, rédigée par A. Galland. Paris, 1810, in-12.

Nouveau voyage à Tunis, publié en 1811, par M. Thomas M'Gill, et traduit de l'anglais avec des notes, par M. ***. Paris, 1815, chez Panckoucke, in-8.

An account of the empire of Morocco, and the districts of Suse and Tafilet; to which is added an account of shipwrecks on the western coast of Africa, and an interesting account of Timbuctoo, the great emporium of central Africa. By James Grey Jackson, esq. Second edition. London, 1811, in-4.

Ragguaglio del viaggo compendioso di un dilettante antiquario sorpreso da' corsari, condotto in Barbaria e felicimente repatriato. Milano, 1816, 2 vol. in-8.

Les Bédouins ou Arabes du désert, d'après les notes inédites de dom Raphaël, sur les mœurs, les lois et les coutumes civiles et religieuses de ces peuples, par F. J. Mayeux. Paris, 1816, 3 vol. in-8.

Voyage à Tripoli, ou relation d'un séjour de dix années en Afrique, contenant des renseignements authentiques sur le pacha régnant et sur les mœurs privées des Maures, des Arabes et des Turcs. Traduit de l'anglais sur la seconde édition, par J. Mac Carthy. Paris, 1818, 2 vol. in-8.

Historical account of discoveries and travels in Africa, etc. By the late John Leyden, enlarged and completed to the present time by Hugh Murray. Edinburgh, 4 vol. in-4.

Histoire complète des voyages et découvertes en Afrique, depuis les siècles les plus reculés jusqu'à nos jours, accompagnée d'un précis géographique sur ce continent et les îles qui l'environnent, de notices sur l'état physique et moral des divers peuples qui l'habitent, et d'un tableau de son histoire naturelle, par le docteur Leyden et M. Hugh Murray; traduite de l'anglais et augmentée de toutes les découvertes faites jusqu'à ce jour, par M. A. C. Paris, 1821, 4 vol. in-8.

Travels in Europe and Africa, by colonel Keatinge, comprising a journey through France, Spain and Morocco. London, 1816, in-4.

Robert Adam's travels in the interior of Africa, etc. London, 1816, in-4.

Relation d'un séjour à Alger, contenant des observations sur cette régence, par Pananti. Traduit de l'anglais. Paris, 1820, in-8.

Compte rendu de l'expédition d'Alger, sous les ordres de lord Exmouth, par M. ***, interprète de l'expédition. Londres, 1819, in-8.

Historia de la dominacion de los Arabes en España, por

D. Jose Antonio Conde. Madrid, imprenta que fue de Garcia, 1820 et 1821. 2 vol. in-8.

L'Afrique, ou histoire, mœurs, usages et coutumes des Africains (Fezzan), par G. F. Lyon; traduit de l'anglais par Édouard Gauthier. Paris, 1821, 2 vol. in-18.

Ces deux volumes font partie du recueil intitulé : Mœurs, usages, arts et métiers.

Voyages et découvertes dans le nord et dans les parties centrales de l'Afrique, au travers du grand désert, exécutés pendant les années 1822, 1823 et 1824, par le major Denham, le capitaine Clapperton et feu le docteur Oudeney, traduits de l'anglais par MM. Larenaudière et Eyriès. Paris, 1826, 3 vol. in-8.

Voyage dans le Maroc, par le lieutenant Washington, de la marine anglaise, 1829.

Esquisses de l'état d'Alger, considéré sous les rapports politique, historique et civil, contenant un tableau statistique sur la géographie, la population, le gouvernement, les revenus, le commerce, l'agriculture, les arts, les manufactures, les mœurs, les usages, etc., par William Shaler, consul-général des États-Unis à Alger; traduit de l'anglais par M. X. Bianchi. Paris, 1829, in-8.

Lettre topographique et médicale sur Alger. Annales maritimes, année 1829, cahiers des mois de septembre et d'octobre, p. 469-491.

L'auteur nous donne, en plusieurs tableaux, le résultat des observations météorologiques qu'il a recueillies à la station d'Alger, comme médecin du vaisseau *le Colosse*, pendant les mois de janvier, février, mars, avril et mai 1829.

Esquisse historique et médicale de l'expédition d'Alger en 1830, par un officier de santé, attaché au quartier-général de l'armée d'Afrique. Paris, 1831, in-8.

Relation de l'arrivée dans la rade d'Alger du vaisseau de

S. M., *la Provence*, sous les ordres de M. le comte de la Bretonnière; excursion dans la ville et les environs d'Alger, et détails précis de l'insulte faite au pavillon du Roi par les Algériens, le 3 août 1830, par M. X. Bianchi, secrétaire interprète du Roi. Paris, 1830, in-8.

Souvenirs d'un officier français, prisonnier en Barbarie pendant les années 1811, 1812, 1813, par M. Contremoulins, capitaine en congé illimité. Paris, 1830, chez Anselin, in-8.

Alger tel qu'il est, ou tableau statistique, moral et politique de cette régence, par M. D. G. Trapani, ex-agent diplomatique résident à Alger. Paris, 1830, in-8.

Alger : Tableau du royaume et de ses environs, etc., par M. Renaudot, ancien officier de la garde du consul de France à Alger. 4e édition. Paris, 1830, in-8.

Alger : Topographie, population, force militaire de terre et de mer, acclimatement et ressources que le pays peut offrir à l'armée d'expédition. Marseille, mai, 1830, chez Feissat, in-8.

Alger et ses environs : Description historique, géographique et politique de la régence d'Alger. Paris, 1830, chez Pochard, in-fol.

Itinéraire du royaume d'Alger, comprenant la description des villes, villages, bourgades, tribus sujettes et indépendantes, ruines, antiquités, rivières, ruisseaux, montagnes, curiosités naturelles, par G. M. R. B. Toulon, 1830, chez Laurent, in-8.

Abrégé de l'Histoire d'Alger, contenant la description de l'expédition de lord Exmouth, en 1816. Auxonne, 1830, in-18.

Voyage à Alger, ou description de cette ville, de ses environs et du royaume d'Alger. Avignon, 1830, in-8.

Notice historique et statistique sur le royaume et la ville d'Alger. Clermont, 1830, chez Thibaud-Landriot, in-8.

Topographie et Histoire du royaume et de la ville d'Alger, par Blismon. Lille, 1830, chez Castriaux, in-8.

Itinéraire du royaume d'Alger, comprenant la description des villes, villages, bourgades, etc., par J. M. H. B. Toulon, 1830, in-8.

Description de l'État d'Alger, de ses dépendances, de ses villes principales, de ses ports, etc. Agen, 1830, chez Noubel, in-12.

Réflexions sur un Mémoire attribué à sir Sidney Smith et sur les intérêts de l'Angleterre dans la guerre d'Alger, par un officier de la marine royale de France. Paris, 1830, chez Denain, in-8.

Du parti que l'on pourrait tirer de l'expédition d'Alger, ou de la possibilité de fonder dans le bassin de la Méditerranée un nouveau système maritime et colonial à l'épreuve de la puissance anglaise, par Alexandre Colombel. Paris, 1830, in-8.

Esquisse topographique du royaume et de la ville d'Alger, par A. M. Perrot. Paris, 1830, in-8.

La conquête d'Alger, ou relation de la campagne d'Afrique, d'après cinq documents officiels et particuliers, recueillis et mis en ordre par A. M. Perrot. Paris, 1830, in-8.

Rapports sur la prise de la ville d'Alger, contenant un détail intéressant de toutes les opérations militaires. Paris, 1830, in-8.

Réflexions sur la prise d'Alger. Marseille, 1830, chez Rouchon, in-8.

Résumé historique de la guerre d'Alger, d'après plusieurs témoins oculaires, etc., suivi d'une biographie des principaux officiers de l'expédition et, autant que possible, de tous les officiers, sous-officiers et soldats qui se sont le plus particulièrement distingués. Paris, 1830, in-8.

De l'armée française en Afrique et de la formation d'une légion d'éclaireurs, par le capitaine Contremoulins. Paris, 1830, in-8.

Précis historique et administratif de la campagne d'Afrique, par le baron Denniée, intendant en chef de l'armée d'expédition. Paris, 1830, in-8.

Journal d'un officier de l'armée d'Afrique, avec un plan des attaques dirigées contre le château de l'Empereur et la ville d'Alger, du 30 juin au 5 juillet 1830. Paris, chez Anselin, 1 vol. in-8.

Il faut garder Alger, l'honneur français l'ordonne. Nécessité de conserver cette position maritime et militaire; réflexions sur l'impuissance actuelle de l'Angleterre pour s'opposer à toute colonisation française du royaume d'Alger; alliance désirable entre la France et la Russie, par Babron. Paris, 1830, imprimerie de Setier, in-8.

Mémoire sur la possibilité de mettre les établissements français de la côte septentrionale de l'Afrique en rapport avec ceux de la côte occidentale, en leur donnant pour point de raccord la ville centrale et commerciale de Tombouctou, par Augier La Sauzaie. Paris, 1830, imprimerie de Porthmann, in-8.

Plan de colonisation des possessions françaises dans l'Afrique occidentale, au moyen de la civilisation de nègres indigènes, par L. B. Hautefeuille. Paris, 1830, in-8.

De la domination française en Afrique, et des principales questions que fait naître l'occupation de ce pays. Paris, 1830, chez Dondey-Dupré, in-8.

Mémoire présenté à M. le duc de Dalmatie, sur les moyens

d'assurer la sécurité du territoire de la colonie d'Alger, par le général Brossard. Paris, 1830, chez Anselin, in-8.

D'Alger et des moyens d'assurer sa tranquillité, par le général Brossard. Paris, 1832, in-8.

Quatre-vingt-deux jours de commandement à Oran, par le général Brossard. Perpignan, 1837.

Mélanges sur l'Afrique, par le général Brossard. (Première partie.) Perpignan, 1838, chez Alzire, in-8.

Considérations statistiques, historiques et politiques sur la régence d'Alger, par le baron Juchereau de Saint-Denis. Paris, 1831, in-8.

Relation de la campagne d'Afrique en 1830, et des négociations qui l'ont précédée, avec les pièces officielles, par M. le marquis de Bartillat, commandant le quartier-général pendant la campagne. 3e édition. Paris, 1832, in-8.

De la colonie d'Alger, considérée dans ses rapports avec nos manufactures, notre commerce et nos pays de vignobles, par le baron de Lacuée. Paris, 1831, in-8.

Possibilité de coloniser Alger, ou mémoire dans lequel on démontre les avantages industriels que la colonie d'Alger procurera aux cultivateurs et à la France, par J. Odolant-Desnos. Paris, 1831, in-8.

Campagne d'Afrique, en 1830, avec un portrait du dey d'Alger, le tableau de l'organisation de l'armée et un plan des travaux de siége, par M. Fennel, chef de bataillon, attaché à l'état-major de l'armée d'expédition. 2e édition. Paris, 1831, in-8.

Relation de l'expédition de Mascara, par A. Berbrugger, secrétaire de M. le maréchal Clausel. Paris, 1836, in-8.

Explications du maréchal Clauzel, suivies de pièces justificatives et d'un aperçu topographique des routes de Bone à Constantine et de Constantine à Stora. Paris, 1837, chez Ambroise Dupont, in-8.

Relation de la guerre d'Afrique pendant les années 1830 et 1831, par M. Rozet, capitaine au corps royal d'état-major, attaché à l'armée d'Afrique comme ingénieur-géographe. Paris, 2 vol. in-8, 1832.

Voyage dans la régence d'Alger, par le capitaine Rozet. Paris, 1833, 2 vol. in-8.

Anecdotes pour servir à l'histoire de la conquête d'Alger en 1830, par J. T. Merle, secrétaire de M. le comte de Bourmont, général en chef. 2ᵉ édition. Paris, 1832, in-8.

Essai sur l'histoire des Arabes et des Maures, par Louis Viardot. Paris, 1832, chez Paulin, 2 vol. in-8.

Alger sous la domination française, son état présent et son avenir, par M. Pichon, conseiller d'État, ancien intendant civil d'Alger. Paris, 1833, in-8.

Alger, ou considérations sur l'état actuel de cette régence, sur la nécessité d'en achever la conquête et sur le moyen d'y établir des colonies, par un ancien payeur à l'armée d'Afrique. Paris, 1833, in-8.

Mémoire sur la colonisation de la régence d'Alger. Principes qui doivent servir de règles pour cette colonisation. Système de défense à adopter pour garantir la colonie, par M. de Férussac. Paris, 1833, in-8.

De l'établissement des Français dans la régence d'Alger, par M. Genty de Bussy. Deuxième édition, considérablement augmentée, et dans laquelle les faits sont conduits et appréciés jusqu'en 1839. Paris, 1839, 2 vol. in-8.

Voyage pittoresque en Espagne, en Portugal et sur la côte

d'Afrique, de Tanger à Tétouan, par M. J. Taylor. Paris, 1833, in-4.

Recherches sur la topographie de Carthage, par M. Dureau de La Malle, avec des notes par M. Dusgate. Paris, 1835, in-8.

Province de Constantine, Recueil de renseignements pour l'expédition ou l'établissement des Français dans cette partie de l'Afrique septentrionale, par M. Dureau de La Malle. Paris, 1837, 1 vol. in-8.

Mémoire sur la régence d'Alger. Aperçu des moyens employés pour sa colonisation. Paris, 1833, 3 vol. in-8.

Reconnaissance hydrographique faite sur les côtes de l'Algérie, par le capitaine de corvette Bérard, commandant le brick *le Loiret,* en 1833 et 1834.

Dix-huit mois à Alger, ou récit des événements qui s'y sont passés depuis le 14 juin 1830 jusqu'à la fin de décembre 1831, par M. le baron Berthezène. Paris, 1834, in-8.

Physiologie morale et physique d'Alger, 1833, par D. J. Montagne, ancien administrateur et agriculteur à Alger. Marseille, 1834, in-8.

Observations sur la colonisation de la régence d'Alger, par J. A. Hedde, aîné. Paris, 1834, in-8.

De l'Algérie et de sa colonisation, par M. le comte H. de B***, commissaire du roi et juge royal à Bone en 1832 et 1833. Paris, 1834, chez Paulin, in-8.

Aperçu historique et statistique sur la régence d'Alger, intitulé en arabe : *le Miroir,* par Sidy Hamdam-Ben-Othman Khoja, fils de l'ancien secrétaire d'État (Makalagny) de la régence d'Alger, traduit de l'arabe par M. H. D***, orientaliste. T. Ier, 1 vol. in-8. Paris, 1833.

Un voyage en Afrique, ou description d'Alger, par Louis Beaulard, Lyon, 1835, chez Ayné, in-12.

Voyage à Alger, par Thomas Campbell.

Les esquisses si intéressantes du poëte anglais ont paru dans *The new monthly magazine*. La *Revue britannique* en a donné une traduction en 1835 et 1836.

Alger : De son occupation depuis la conquête, en 1830, jusqu'au moment actuel; appel au public impartial, par M. d'Aubignosc. Paris, 1836, in-8.

Lettre sur Alger, sa détresse et l'urgence d'un remaniement total dans son régime administratif, à MM. les membres de la chambre des députés, par M. d'Aubignosc. Paris, 1836, in-4.

Oran, sous le commandement du général Desmichels. Paris, 1835, chez Anselin, in-8.

Journal historique de la troisième division de l'armée d'Afrique, par M. Pétiet. Paris, 1835, in-8.

Recherches sur l'histoire de la régence d'Alger. (Académie des sciences.) Paris, 1833, imprimerie royale, in-8.

Journal de l'expédition dirigée de Bone sur Constantine, en novembre 1837, par M. Guyon. Paris, 1836, in-8.

Géographie générale comparée, ou étude de la terre, dans ses rapports avec la nature et l'histoire de l'homme, par Karl Ritter, traduit de l'allemand, par E. Buret et E. Desor. Paris, 1835 et 1836, chez Paulin, 8 vol. in-8.

Essai sur la pacification, la colonisation et la civilisation de l'Algérie, par A. Fromental. Nancy, 1836, in-8.

Sommaire d'un plan de colonisation du royaume d'Alger, indiquant les moyens de rendre la possession de cette belle conquête avantageuse à la France, par le général Dubourg. Paris, 1836, in-8.

Colonisation d'Alger; causes qui en arrêtent le progrès. Paris, 1836, in-8.

Colonisation de la régence d'Alger. Imprimerie de F. Didot. Paris, 1836, in-4.

De l'emploi de quelques moyens de colonisation à Alger, par M. Poirel, avocat-général. Nancy, 1836, in-8.

Guide du voyageur et du colon à Alger et dans l'Algérie, avec carte itinéraire, par A. Pignel. Paris, 1836, in-12.

Annales algériennes, par C. Pélissier, capitaine d'état-major, chef du bureau des Arabes, à Alger, en 1833 et 1834. Paris, 1839, 2 vol. in-8.

Aperçu sur la situation politique, commerciale et industrielle des possessions françaises dans le nord de l'Afrique, au commencement de 1836, par M. Léon Blondel. Alger, imprimerie du gouvernement, avril 1836, in-8.

Nouvel aperçu sur la régence d'Alger, par M. Léon Blondel. Paris, 1838, in-8.

De l'importance de la question d'Afrique et du choix d'un système de colonisation, par M. Aubel. Paris, 1837, in-8.

Relation de l'expédition de Bougie, du 20 septembre au 28 octobre 1833, par M. Touffait. Paris, 1837, in-8.

L'Algérie, Youssef-Bey et Abd-el-Kader, par J. Ottone. Paris, 1837, in-8.

Les prisonniers d'Abd-el-Kader, ou cinq mois de captivité chez les Arabes, par M. A. de France, enseigne de vaisseau. Paris, 1837, 2 vol. in-8.

L'Algérie en 1838, par A. Desjobert. Paris, 1838, chez Crapelet, in-8.

Réponse à l'ouvrage de M. Desjobert, qui a pour titre : *la Question d'Alger*, etc., par M. Franque. Paris, 1837, in-8.

Esquisse générale de l'Afrique, aspect et constitution physique, histoire naturelle, ethnologie, linguistique, état social, histoire, exploration et géographie, par M. Davesac, des sociétés géographiques de Paris et de Londres. Paris, 1837, in-12.

Mémoire sur notre établissement dans la province d'Oran, par le général Bugeaud. Paris, 1838, chez Laguionie, in-8.

De l'établissement de légions de colons militaires dans les possessions françaises du nord de l'Afrique, suivi d'un projet d'ordonnance adressé au gouvernement et aux chambres, par M. Bugeaud, lieutenant-général. Paris, 1838, in-8.

Fondation de la régence d'Alger, histoire des Barberousse, chronique arabe du XVIe siècle, publiée sur un manuscrit de la Bibliothèque royale, avec un appendice et des notes. Expédition de Charles-Quint. Aperçu historique et statistique du port d'Alger, etc., par MM. Sander Rang et Ferdinand Denis. Paris, 1837, 2 vol. in-8.

Chroniqnes, lettres et journal de voyage, deuxième partie. Afrique. Par le prince Pukler de Muskau. Paris, 1837, 3 vol. in-8.

Expédition de Constantine, par un officier de l'armée. *Revue de Paris* du 15 janvier 1837.

Seconde expédition de Constantine, par un officier de l'armée d'Afrique. *Revue des Deux-Mondes* du 1er mai 1838.

On doit ces remarquables pages d'histoire à M. de La Tour-Dupin.

Désastre de Constantine et système de colonisation de la régence d'Alger, par M. J. Adolphe Corrach, docteur en droit. Paris, 1837, in-8.

De Constantine et de la domination française en Afrique, par E. Desmarets et H. Rodrigues. Paris, 1837, in-8.

Vues et portraits dessinés pendant l'expédition de Constantine (1836), avec un texte, par M. V. Desvoisins. Paris, 1837.

Détails sur l'expédition, l'assaut et la prise de Constantine, par un témoin oculaire, membre de la commission scientifique de l'expédition. Lyon, 1838, imprimerie de Rossary, in-12.

Journal de l'expédition et de la retraite de Constantine en 1836, par un officier de l'armée d'Afrique. Paris, 1838, in-8.

Campagne de Constantine de 1837, par le docteur C. Sédillot. Paris, 1838, in-8.

Journal des opérations de l'artillerie pendant l'expédition de Constantine, publié par le gouvernement, imprimerie royale. Paris, 1838, in-4.

Note sur la commission explorative et scientifique d'Algérie, présentée à M. le ministre de la guerre, par le colonel Bory-de-Saint-Vincent, de l'Institut. Paris, novembre 1838, in-4.

Considérations politiques et militaires sur l'Algérie, par M. D. Pélion, officier supérieur au corps royal d'état-major. Paris, 1838, chez Baudoin, in-8.

Documents curieux sur Alger, depuis 427 jusqu'à l'époque actuelle, par A. G. Paris, 1838, chez Dentu, in-8.

Exposé des conditions d'hygiène et de traitement, propres à prévenir les maladies et à diminuer la mortalité dans l'armée, en Afrique, et spécialement dans la province de Constantine, par M. Worms. Paris, 1838, chez Baillère, in-8.

De la situation actuelle d'Abd-el-Kader en Afrique, par M. le lieutenant-général Oudinot. Paris, 1839.

Voyage pittoresque en Algérie, ou recueil de vues, costumes et portraits, par Alexandre Genet, le texte par M. Berbrugger. Paris, 1839, in-fol.

De la régence d'Alger, notes sur l'occupation, par Eugène Cavaignac, chef de bataillon en non-activité. Paris, 1839, in-8.

Voyages dans les régences d'Alger, par Peyssonnel et Desfontaines. 2 vol. in-8, Paris, 1838.

De la Colonisation du nord de l'Afrique, par M. Aristide Guilbert. 1 vol. in-8, Paris, 1839.

Souvenirs de l'Algérie, par M. Dupigez. 1 vol. in-8, Douai, 1840.

Lettres édifiantes sur l'Algérie, par M. Suchet, vicaire général d'Alger. 1 vol. in-8, Tours, 1840.

De la domination turque dans l'ancienne régence d'Alger, par M. Walsin Esterhazy. 1 vol. in-8, Paris, 1840.

L'Algérie, par M. le baron Baude. 2 vol. in-8, Paris, 1840.

Des moyens d'assurer la domination française en Algérie, par M. le général Létang. 1 vol. in-8, Paris, 1840.

Reisen in der Regentschaft Algier von D. Moritz Wagner, 3 vol. in-8. Leipzig, 1841.

Journal de l'expédition des Portes de fer. 1 vol. in-8. Imprimerie royale, 1844.

Recherches sur la géographie et le commerce de l'Algérie méridionale, par M. E. Carette, suivies d'une notice géographique sur une partie de l'Afrique septentrionale, par M. E. Renou. 1 vol. grand in-8, 1844.

Exposé de l'état actuel de la société arabe, du gouvernement et de la législation qui régit. 1 vol. in-8, Alger, 1844.

Mémoires historiques et géographiques sur l'Algérie, par M. E. Pellissier. 1 vol. grand in-8, Paris, 1844.

L'Algérie en 1844, par M. Desjobert. In-8, Paris, 1844.

L'Algérie ancienne et moderne, par M. L. Galibert. 1 vol. grand in-8, Paris, 1844.

Du commerce des peuples de l'Afrique septentrionale, par M. Mauroy. In-8, Paris, 1845, 2e édition.

Les Français en Algérie, par M. L. Veuillot. 1 vol. in-8, Tours, 1845.

Aperçu des relations commerciales de l'Italie septentrionale avec l'Algérie au moyen-âge, par M. de Mas Latrie. In-4, Paris, 1845.

Un touriste en Algérie, par M. Viro. 1 vol. in-12, Paris, 1845.

Histoire de l'Afrique, de Mohammed-Ben-Abi-el-Raïni-el-Kaïrouani, traduite par MM. Pellissier et Rémusat. 1 vol. grand in-8, de l'imprimerie royale, 1845.

Le Sahara algérien, études géographiques, statistiques et historiques sur la région au sud des établissements français en Algérie, par M. le colonel Daumas. 1 vol. in-8, Paris, 1845.

Essai historique sur les races anciennes et modernes de l'Afrique septentrionale, leurs origines, leurs mouvements et leurs transformations depuis l'antiquité la plus reculée jusqu'à nos jours, par M. Pascal Duprat. 1 vol. in-8, Paris, 1845.

Le Maroc et ses caravanes ou relations de la France avec cet empire, par M. Thomassy. 1 vol. in-8, Paris, 1845, 2e édition.

Apulée. Études sur l'Afrique païenne au IIe siècle, par M. Feuillerot. In-8, Alger, 1845.

Études sur quelques détails d'organisation militaire en Algérie. In-8, Paris, 1845.

Histoire d'Alger et de la piraterie des Turcs dans la Méditerranée, par M. Ch. de Rotalier. 2 vol. in-8, Paris, 1845.

L'Algérie en 1846, par M. Desjobert. In-8, Paris, 1846.

L'Algérie, son influence sur les destinées de la France et de l'Europe, par M. H. Lamarche. In-8, Paris, 1846.

Les Khouans, ordre religieux chez les Musulmans de l'Algérie, par M. E. de Neveu. In-8, Paris, 1846, 2e édition.

Quelques réflexions sur trois questions fondamentales de notre établissement en Algérie. In-8, Alger, 1846.

La France en Afrique. In-8, Paris, 1846.

Histoire de l'Algérie française, par MM. Leynadier et Clausel. 2 vol. in-8, Paris, 1846.

Étude sur l'insurrection du Dahra, par M. Richard, chef du bureau arabe d'Orléansville. In-8, Alger, 1846.

Projet de colonisation pour la province d'Oran, par M. le lieutenant général de Lamoricière. Observations de M. le maréchal gouverneur-général sur ce projet. In-8, Alger, 1847.

La Kabylie. Recherches et observations sur cette contrée, par un colon. In-8, Paris, 1846.

Recherches sur la constitution de la propriété territoriale dans les pays musulmans et subsidiairement en Algérie, par M. Worms. 1 vol. in-8, Paris, 1846.

Guide du voyageur en Algérie. 1 vol. in-12, Paris, 1846.

Dictionnaire de poche français-arabe et arabe-français. 1 vol. in-18, Alger, 1846.

cernées, par M. Ch. de Rotalier. 2 vol. in-8, Paris, 1848.

[illegible] 1846.

Ces lettres sur l'Algérie ont été adressées à M. Ch. Lenormant, qui a eu la bonté de les insérer dans *le Correspondant*. Quelques personnes trop indulgentes peut-être m'ont engagé à les publier de nouveau, et, au risque d'ajouter une ligne inutile de plus au catalogue de la librairie, j'ai cédé à leur bienveillante invitation.

En rassemblant autour de moi la plupart des principaux ouvrages relatifs à l'Algérie, il m'a semblé pourtant qu'au milieu de toutes ces dissertations historiques, politiques, militaires, il pouvait y avoir encore quelque modeste place pour un livre dans lequel on raconterait simplement, fidèlement, sans parti pris d'avance, et sans prévention, les émotions produites par l'aspect de notre contrée africaine, par le mélange des diverses races qui y apparaissent, par le pittoresque effet de ses côtes et de ses montagnes, par le mouvement de nos villes, et le progrès de notre colonie. C'est ce que je me suis proposé de faire.

Quand je suis parti pour Port-Vendres, je venais de voir aux bords du Jourdain, sur les plages de la Syrie, dans les plaines sablonneuses de l'Égypte, ces fiers enfants d'Ismaël, ces Arabes que les croisades n'ont pu vaincre, que la civilisation n'a pu assouplir. J'étais curieux de retrouver dans une autre région les hommes de cette même race, si forte et si tenace, aux prises avec nos armes, comme leurs aïeux avec celles de

Charles-Quint et celles de saint Louis, de voir se continuer, dans une autre arêne, le combat du génie social de l'Europe contre les aventureuses tribus de l'Orient, la longue lutte des lois de charité et d'humanité de l'Évangile contre la religion du glaive, proclamée par Mahomet. On m'avait tant parlé des scènes grandioses et des riants tableaux de la terre algérienne, que je me réjouissais de contempler les hautes cimes de l'Atlas, et les palais de marbre, et les jardins féconds, qui, du reflet de leurs verts ombrages, de l'éclat de leurs fleurs et de leurs fruits d'or, colorent les flots bleus de la Méditerranée. Enfin, le dirai-je? à une époque où, dans notre chère France, les grandes questions nationales s'effacent si souvent sous le froid tissu des spéculations mercantiles, il m'était doux d'entrer dans un pays où la vieille et héroïque pensée de la France éclate dans toute sa mâle énergie, où le soldat renouvelle chaque jour, par son courage et sa patience, les grandes pages de notre histoire chevaleresque ; où l'armée donne une nouvelle gloire à cette devise qui faisait palpiter le cœur de nos pères : *Honneur et patrie !*

Pour parler de cette armée d'Afrique, de sa hardiesse dans les combats, de sa fermeté dans les obstacles qu'elle doit vaincre, et de sa résignation dans les fatigues qu'elle éprouve, je n'ai point de termes assez expressifs. Mais qu'on lise le discours d'adieu que lui adressait, en 1840, le noble prince dont la France déplore la perte; il n'y a pas un mot de ce discours qui ne soit vivement senti, et il ne présente pas un trait d'éloge qui ne soit justifié par de nombreux faits.

« A cette armée, disait-il, qui a conquis à la France ce vaste et bel empire, ouvert un champ illimité à la civilisation, dont elle est l'avant-garde, à la colonisation dont elle est la première garantie !

« A cette armée qui, maniant tour à tour la pioche et le fusil, combattant alternativement les Arabes et la fièvre, a su affronter avec une résignation stoïque la mort sans gloire de l'hôpital, et dont la brillante valeur conserve dans notre jeune armée les traditions de nos légions les plus célèbres.

« A cette armée, compagne d'élite de la grande armée française, qui, sur le seul champ de bataille réservé à nos armes, doit devenir la pépinière des chefs futurs de l'armée française, et qui s'enorgueillit justement de ceux qui ont déjà péri à travers ses rangs.

« A cette armée, qui, loin de la patrie, a le bonheur de ne connaître les discordes intestines de la France que pour les maudire, et qui, servant d'asile à ceux qui la fuient, ne leur donne à combattre, pour les intérêts généraux de la France, que la nature, les Arabes et le climat[1]. »

[1] *Journal de l'expédition des Portes de Fer*, 1 vol. in-8. Paris, 1844. Ce livre a été rédigé tout entier par M. le duc d'Orléans et légué par lui, comme un dernier témoignage de sympathie, à ceux qui l'avaient accompagné dans son ex-

Si quelqu'un doutait encore du maintien et de l'agrandissement de notre conquête, j'espère que l'aspect de cette armée suffirait pour le rassurer. Tant de force intelligente unie à tant de dévouement garantit le succès de notre entreprise. L'Algérie n'est plus pour nous une contrée étrangère. Elle est liée au cœur même de la France par le sang que la France y a versé, par la gloire qu'elle s'y est acquise, par les œuvres qu'elle y a fondées.

C'est sous cette impression que je l'ai vue, c'est avec cette pensée que j'ai essayé de la décrire. A défaut d'autre mérite, mon

pédition, aux officiers d'Afrique, aux fonctionnaires qui avaient part à son estime. La volonté du prince a été pieusement et dignement accomplie. Son journal a paru magnifiquement imprimé, enrichi d'une préface de Ch. Nodier, et d'une quantité de gravures excellentes. Si l'on ne craignait de porter atteinte à l'intention du prince contenue dans les bornes d'un sentiment modeste et affectueux, il serait à souhaiter que cet ouvrage fût confié au public. C'est le plus bel ouvrage qui ait paru sur l'Algérie, et l'un des plus instructifs et des plus intéressants sous beaucoup de rapports.

trop rapide récit a au moins celui d'être fait avec une entière indépendance. Dans ce voyage d'Afrique, j'avais l'honneur d'accompagner un ministre ; mais ce ministre n'attendait point de ceux qui s'en allaient de plage en plage, de fête en fête avec lui, une narration complaisante. En écrivant celle-ci, je ne puis oublier pourtant la joie que j'ai éprouvée à le suivre dans une contrée si nouvelle pour moi, si intéressante à étudier sous tant de faces diverses, et je m'estimerais heureux s'il se trouvait dans mon humble livre assez d'observations vraies pour justifier la faveur que M. de Salvandy a bien voulu m'accorder en m'associant à son excursion, en ajoutant ce nouveau témoignage de bienveillance à tous ceux qui depuis longtemps me lient à lui par une loyale reconnaissance.

LETTRE PREMIÈRE

SOMMAIRE.

Perpignan. — Port-Vendres. — Barcelone. — Palma.— L'île de Cabrera. — Alger. — Staoueli.

I.

Ne vous effrayez pas, monsieur, de ce mot d'Algérie inscrit en tête de cette lettre. Je ne viens pas vous présenter un nouveau système de colonisation, ni un nouveau plan de conquête, ajouter une élégie aux périodiques lamentations de M. Desjobert, ou augmenter d'une ligne sinistre les désolantes prophéties de quelques journaux. Dieu soit loué! on a assez supputé et chiffré les chances d'avenir de notre royaume africain, ce qu'il coûte à la France et ce qu'il peut lui rapporter. Quiconque a débarqué une fois en sa vie sur les côtes de l'Algérie, et quiconque, sans les avoir jamais vues, a bien voulu s'en occuper, s'est cru en conscience obligé de se faire à cet endroit une théorie particulière, de proclamer tout haut ses craintes et ses espérances, ses antipathies et ses prédilections, qui pour la population arabe ou la population européenne, qui pour le régime militaire ou l'administration civile. Parmi les avantages que l'on daigne encore généralement attribuer à notre possession africaine, il en est un qu'on ne devrait pas omettre de noter, celui d'exercer, par l'examen réitéré de cette possession, la perspicacité de tant d'hommes habiles, et d'augmenter d'un bon nombre d'articles le catalogue de nos libraires. J'ai autour de moi toute une collection de livres sur l'Algérie. Que d'aperçus ingénieux! que de raisonnements superbes! Cette fois nous n'avons plus rien à envier aux Allemands, qui, comme on le sait, s'entendent à pressurer une question. Avec notre littérature africaine, nous pouvons leur en remontrer sur l'art de faire danser la logique et d'équilibrer les combinaisons administratives au bout d'une aiguille. Seulement, après avoir lu ces livres, dont la plupart s'annoncent comme la dernière expression de la plus incontestable vérité, il peut arriver qu'on éprouve une confusion semblable à celle du pauvre étudiant aux prises avec Méphistophélès :

Mir wird von alle dem so dumm
Als ging' mir ein Mühlrad im Kopf herum.

Mais la contagion me gagne, et comme presque tous ces écrivains que j'ai voulu lire ont leurs prétentions, j'ai aussi la mienne, et je vous la dirai, c'est d'être parti pour l'Afrique en abdiquant très-humblement la pensée d'enseigner au maréchal Bugeaud la manière de subjuguer les tribus rebelles, et celle d'indiquer au gouvernement un vaste ensemble de réformes, de solliciter une place ou une concession de terrain, de spéculer sur les maisons en ruines, et de placer à gros intérêts l'argent que je n'avais pas. En un mot, j'aspirais à débarquer en Algérie, tout simplement pour voir l'Algérie. Cela ne vous paraît-il pas une idée très-originale, et de plus une idée d'un luxe rare par le temps qui court? Aussi m'a-t-il fallu, pour la réaliser, la puissance d'un ministre! M. de Salvandy allait étudier sur les lieux cette immense question d'Afrique, qu'il est appelé à discuter à la Chambre et dans les conseils du roi. Il a bien voulu m'associer à son voyage. J'ai eu la joie d'aborder avec lui sur tous les points de notre conquête algérienne, depuis les frontières de Tunis jusqu'à celles du Maroc, et n'ayant point, pour surcroît de bonne fortune, la difficile mission d'écrire une relation officielle, j'ai essayé de raconter mes remarques et mes impressions. C'est ce récit, très-incomplet sans doute, mais loyal et sincère, que je vous offre.

Si je ne craignais, monsieur, de vous répéter tant de choses que vous savez mieux que moi, je voudrais bien commencer ma narration par le commencement, non par cette route plate et monotone qui de la barrière de Charenton s'en va vers la Bourgogne, à travers ces villages de plâtre et ces maisons de craie qui ne présentent à l'œil qu'une grossière imitation de nos faubourgs, et une population qui, en repoussant loin d'elle les mœurs antiques de ses aïeux, en désertant ses églises, en lisant quelque ignoble roman dans d'ignobles cafés, s'imagine faire preuve d'un grand esprit, et copier dans sa plus parfaite image la civilisation parisienne. Non; je voudrais vous conduire tout d'un trait sur un de ces jolis bateaux à vapeur amarrés aux quais de Châlons, et qui lèvent l'ancre au lever du soleil pour descendre la Saône. Oh! le beau spectacle à voir par une riante matinée d'été! Oh! la jolie rivière! Comme elle serpente gracieusement au pied des coteaux de vignes, et des vieilles tours couronnées de lierre, et des villages cachés sous des forêts d'arbres à fruits! Comme elle enlace avec amour les petites îles qui entr'ouvent ses flots limpides et les voilent de leurs verts rameaux! Et quand on arrive sur le Rhône, depuis la vénérable chapelle de Fourvières jusqu'au château des papes d'Avignon, quel grand et magnifique panorama se déroule aux regards! Il y a dix ans que je suivais déjà le cours de ce fleuve superbe, et il m'a semblé cette fois que j'en faisais la découverte, tant j'étais frappé de l'aspect de ses rives.

Le soir, notre bateau nous livre aux commis du chemin de fer de Beaucaire. Je n'essayerai point de vous entretenir de cette Nichni-Novgorod française, ni des arènes de Nîmes, ni du Pérou de Montpellier. Vous n'ignorez pas, monsieur, que, quand on a eu le malheur de confier son corps et sa pensée à cette monstrueuse invention qu'on appèlle le chemin de fer, il faut sacrifier sur les rails jusqu'au dernier instinct de sa liberté humaine, renoncer à toute curiosité de voyageur, clore les yeux, et, sans y rien reconnaître, traverser l'espace. Le chemin de fer, c'est la chasse diabolique des traditions du moyen âge, c'est l'enlèvement de Lénore : *Les morts vont vite*. Autant vaudrait être tout à fait mort quand on est enfermé dans une de ces affreuses boîtes, où l'on ne voit qu'un nuage de fumée flottant comme une ombre sinistre sur les jardins et les prairies, où l'on n'entend que le coup de sifflet déchirant du chef de convoi et les gémissements d'une machine pareils au râle lugubre d'une poitrine épuisée.

Je n'ai commencé à revivre qu'en montant dans le coupé d'une de ces respectables diligences qui s'en vont par monts et par vaux avec leurs douces habitudes et leur allure régulière, gravissant d'un pas mesuré la pente des collines, trotillant gaiement dans la plaine, s'arrêtant à chaque village pour laisser reposer les chevaux, et donner aux voyageurs le temps de goûter le vin du cru ou de regarder le monument du lieu. Braves et honnêtes voitures, aujourd'hui indignement outragées, mais qui auront leur jour de triomphe; car on en comprendra la valeur quand on aura assez subi les orgueilleuses misères du chemin de fer; et, qui sait? il pourrait bien arriver qu'un jour un philanthrope intelligent obtînt un grand succès en rétablissant, concurremment avec l'impétueux wagon, un de ces respectables chariots sur quelque grande route de France.

II.

En cheminant paisiblement côte à côte avec un vieux conducteur roussillonnais qui me raconte les chroniques de son pays, et qui réjouit une quantité de maisons par les commissions dont il s'acquitte avec une générosité exemplaire, tantôt pour un simple petit verre d'eau-de-vie, tantôt pour un mot de remercîment qu'une jeune paysanne lui adresse en souriant, j'arrive vers le milieu du jour dans une de ces villes dont l'atmosphère parisienne n'a pas encore effacé le type primitif, le caractère original : c'est Perpignan, ancienne cité des rois de Majorque, qui jadis formait un des boulevards de l'Espagne contre la France, qui maintenant, avec ses vastes remparts et ses hauts bastions, est une des plus puissantes citadelles de nos frontières. On y aborde par un pont d'une construction massive, grossière, dont on ne comprendrait pas l'énorme longueur à voir la timide rivière qui coule sous une de ses arches, si l'on ne se rappelait que cette *Tet*, si bénigne en été, se gonfle en hiver des torrents qui descendent des montagnes, et se répand dans la vallée comme un fleuve impétueux. Le pont qui la traverse, et qui date vraisemblablement de l'époque romaine, a été plus d'une fois ébranlé, renversé par ses flots orageux. Pour l'affermir, il a fallu le couvrir de larges ouvrages de maçonnerie, l'étayer par des piles de briques qui ressemblent à des contre-forts. Au delà de ce pont, s'élève la forteresse de Sanche Second, roi de Majorque, bâtie au commencement du XIVe siècle dans le style mauresque, garnie de longs machicoulis d'un effet très-pittoresque. Lorsque Jean II, aux prises avec la noblesse révoltée de ses États, avec la Catalogne tout entière, engagea, pour obtenir un appui dans ses luttes désastreuses, le Roussillon à la France; Louis XI, qui avait provoqué cet engagement et qui tenait à répandre la pratique de ses procédés d'intimidation, Louis XI fit construire, à l'entrée de la ville, un nouveau castel et transforma la forteresse de Sanche en prison. Il existe, dans les archives de Perpignan, une pièce historique du temps de ce gracieux roi, digne d'être mise à côté de celles de Plessis-les-Tours et autres lieux. C'est le mémoire d'un serrurier chargé de barricader le cachot d'un pauvre moine nommé Jehan Salvat. Qui était ce moine? qu'avait-il fait pour encourir la colère du nouveau maître du Roussillon? et comment est-il mort? Nulle chronique ne le dit. Son existence n'a été révélée que par sa captivité, et son nom n'est connu que par son infortune. Mais à juger de la crainte qu'il inspirait par les précautions prises pour le garder, il y a lieu de croire que c'était un personnage assez important. C'est d'abord un compte du 29 août 1478 dans lequel le serrurier de la ville additionne le prix d'un *gros anel avec une perne* en fer pesant vingt livres, de deux barres de fer pesant quinze livres, de deux *courroulx* avec deux serrures, d'un autre courroux et d'une portelle de fer; le tout employé à tenir en sûreté le frère Jehan Salvat. Un an après, second mémoire portant quatre barres de fer, une chaîne de fer avec un *capdenat qui sert à ladite chesne au col dudit frère Salvat, plus une grosse barre de fer avec ung anel qui sert à tenir la porte tollite*. Et voilà tout ce qu'on sait de la vie de cet homme qui a peut être enseveli dans le silence sépulcral de sa prison, sous le poids de ses fers, une âme ardente, un génie courageux.

Mais laissons là ces douloureux souvenirs d'un règne dont l'utilité pour la France a malheureusement été souillée par d'indignes cruautés. La capitale du Roussillon se déroule dans un de ces magnifiques bassins de verdure entourés par une des chaînes des Pyrénées au-dessus de laquelle s'élance, avec sa superbe majesté, la cime escarpée du Canigou. Comme dans toutes les villes du midi, les rues de Perpignan sont étroites, et ses maisons, en général, peu élevées, mais proprement bâties, et souriant à l'azur de leur ciel méridional sous leur toit allongé comme de jeunes filles sous les ailes de leur chapeau. Ses églises ont conservé leur profusion de tableaux, leur richesse d'ornements; sa cathédrale montre encore avec un pieux orgueil le rétable en marbre blanc qui décore le maître-autel; son hôtel de ville n'a rien perdu des fenêtres élégantes, des ciselures admirables qui surmontaient une de ses façades. A chaque pas que l'on fait dans cette curieuse cité, on aperçoit des physionomies, des costumes que ni le temps ni les impérieuses prescriptions du *Journal des Modes* n'ont encore altérés. C'est le paysan catalan avec sa figure bronzée, ses yeux noirs étincelants sous d'épais sourcils, sa taille cambrée, ses jarrets musculeux, sa petite veste ronde ornée de boutons de métal, et son bonnet en laine rouge replié sur la tête ou flottant sur les épaules. A chaque pas on entend résonner le vif et énergique dialecte des Pyrénées, dont les mâles accentuations frappent l'oreille comme des notes musicales.

Au delà des remparts de Perpignan, du côté de la mer, s'étend une immense plaine embellie, enrichie par une végétation que l'on

2

chercherait vainement dans les autres provinces de France. Ce sont des plantes d'agave qui s'entremêlent aux haies des jardins, des orangers qui croissent en pleine terre, des poivriers qui étalent sur le sol leurs bouquets de fleurs bleues, des masses de joncs à tête panachée, longs et forts comme des bambous, et des oliviers dont le tronc vigoureux m'a rappelé ceux de la Syrie. Çà et là s'élèvent des maisons de ferme larges comme celles de Picardie, et des villages fortifiés comme s'ils étaient encore exposés aux désastres des guerres féodales ou à l'invasion des Sarrasins. C'est Cabestaing, dont les annales seigneuriales renferment une page de roman dramatique semblable à la légende du sire de Coucy. C'est l'imposante bourgade d'Elne, dont le nom, dit-on, vient d'Hélène, dont l'église fut jusqu'au XVIIe siècle une métropole épiscopale; puis Argelès, qui ressemble à une citadelle; Collioure, avec ses vertes collines qui descendent jusque dans les flots de la mer, ses filets de pêcheurs étendus sur la grève, ses barques et ses petits navires amarrés dans plusieurs baies, ses fraîches allées d'arbres où, le dimanche, des groupes nombreux dansent gaiement la danse catalane, et ses deux chapelles célèbres par leurs fêtes traditionnelles. L'une est bâtie sur un îlot à quelque distance du port. Chaque année, le 15 août au matin, on y transporte les reliques de saint Vincent, dont cet îlot porte le nom. Le soir, une procession maritime va les chercher, le clergé en tête, le peuple et les musiciens entassés à sa suite dans des bateaux. Des fanaux flamboient sur chaque embarcation; des chants religieux retentissent sur le rivage. Les rameurs conduisent lentement la pieuse flottille autour de la baie, puis abordent sur la plage. Dès que le dernier bateau sur lequel ont été déposées les reliques du saint, et qui est remorqué par tous les autres, touche au sable de la grève, la foule de fidèles se précipite sur ses câbles et le traîne jusque dans la ville, et l'entoure en répétant ses hymnes harmonieuses. C'est une solennité qui depuis des siècles inspire le même respect, excite le même enthousiasme. Il est probable que si la bonne ville de Collioure avait des prisonniers, elle voudrait ce jour-là les délivrer, comme autrefois les Athéniens délivraient les leurs quand ils conduisaient, à la fin de leurs Panathénées, le vaisseau orné d'un éclatant tissu vers le temple de Minerve.

L'autre chapelle porte le titre de Notre-Dame de Consolation. Elle est située à une lieue de Collioure, dans un étroit vallon, entouré de collines agrestes, voilé mystérieusement par des arbres centenaires. Au bord d'une des sources qui arrosent cette fraîche oasis, on a placé cette inscription : *Salus infirmorum*. Si ce n'est pas cette eau qui mérite un titre si pompeux, on peût le donner à la chapelle, où les pauvres gens du pays, les veuves et les orphelins viennent avec confiance invoquer la Vierge, qui est le refuge des affligés.

D'autres points de vue charment encore les regards du voyageur qui traverse cette plaine de Perpignan : d'un côté, c'est la mer qui, de distance en distance, apparaît comme un lac dans les golfes qui enlacent ses flots d'azur; de l'autre, les montagnes avec leurs cimes dentelées, leurs pics aigus couronnés par une tour, vestige guerrier des anciens temps, ou par un phare, espoir des matelots. J'ai pendant plusieurs jours de suite parcouru cette riche vallée, et chaque fois que j'y revenais, j'y trouvais une nouvelle beauté[1].

III.

Après avoir gravi une dernière colline qui s'élève au delà de Collioure, on voit se dérouler au loin les vagues de la Méditerranée, on touche à Port-Vendres : *Portus Veneris*, disent les géographes. Mais qu'importe cette dénomination mythologique? Port-Vendres a maintenant bien autre chose à faire que de se souvenir de sa païenne origine.

Négligé pendant des siècles, puis signalé à l'attention de Louis XVI, qui y fit faire d'utiles travaux, puis oublié de nouveau, Port-Vendres, grâce aux représentations de quelques hommes intelligents, à l'intervention active du conseil général des Pyrénées-Orien-

[1] Un intelligent artiste, M. Laurens, de Montpellier, a, dans un très-joli album, retracé quelques-uns de ces sites bien mieux que je ne puis le faire avec ma méchante plume, inhabile et rebelle. Voyez *Souvenirs d'un voyage d'art dans l'île de Majorque*, 1 vol. in-8, Paris, 1840.

tales, et surtout à notre conquête algérienne, est en train aujourd'hui de devenir une station maritime considérable. Une commission déléguée par le ministère de la marine en a reconnu les avantages. Il est prouvé qu'en cas de guerre avec l'Angleterre, c'est de ce port que notre correspondance avec l'Algérie pourrait se faire avec le plus de sécurité. En une nuit, un bateau à vapeur se rendrait de là à Mahon. La nuit suivante, il gagnerait Oran, en échappant ainsi à la surveillance des croisières. De plus, les bâtiments de guerre français pourchassés par l'ennemi trouveraient à Port-Vendres un bon point de relâche et de radoub. D'après ces considérations, la Chambre s'est déterminée à continuer et à compléter dans cette rade les travaux indiqués déjà au siècle dernier par l'intelligent gouverneur de la province, M. le maréchal de Mailly. En 1837, une somme de un million six cent mille francs a été affectée à la construction d'une darse de deux cent soixante mètres de longueur et de cent quarante-huit de largeur, assez profonde pour recevoir des vaisseaux de ligne, de trois cales de carénage et de plusieurs magasins. Déjà Port-Vendres occupe une assez grande place dans les dispositions du ministère de la guerre et de la marine. Des bateaux à vapeur de la plus large dimension y viennent chercher des approvisionnements pour l'Algérie. Plus de trois mille mulets destinés à nos possessions africaines y ont été embarqués cette année. La petite ville, vivifiée par les bâtiments qui abordent sur ses quais, par les ouvriers réunis dans ses bassins, par ses espérances d'avenir, s'agrandit et prospère. Ses maisons s'étendent en cercle autour de la mer comme autour d'un domaine dont on ne veut plus abandonner la possession. Déjà, pour constater son importance, elle a son capitaine de port, son commissaire de marine, une garnison, un courrier et une diligence qui chaque matin part pour Perpignan et revient chaque soir. Deux ou trois cafés, indices certains des progrès du temps, appellent sous leurs lambris les équipages des navires, et le propriétaire de l'hôtel, qui a l'honneur de recevoir chez lui MM. les officiers, vient d'acheter un service complet d'argenterie, ce qui a failli faire périr de jalousie son ancien rival de Collioure.

Un bateau à vapeur attendait dans ce port

M. de Salvandy et sa famille. Le ministre a voulu voir en détail le plan des travaux prescrits par la Chambre, examinant ce qui avait été fait, ce qui devait encore se faire, puis nous nous sommes embarqués sur *le Météore* par une belle journée de juillet, pour un de ces quatre bons ports dont parlait Doria[1].

Johnson disait qu'il ne connaissait pas un plus grand plaisir que de se sentir emporté au galop de deux chevaux de poste, sur une route aplanie, dans une molle voiture, en lisant un roman de choix. Il en est un autre qui me semble préférable : c'est celui de s'en aller sur une onde paisible vers un but que l'on doit bientôt atteindre, en causant avec une société aimable, ou en s'abandonnant à l'écart aux molles séductions d'un insoucieux *far niente*, ou aux capricieuses rêveries dans lesquelles le murmure des flots, l'aspect d'un ciel sans nuage et d'un horizon lointain entraînent si naturellement l'esprit, à condition, bien entendu, qu'on n'ait point le mal de

[1] Junio, Julio, Agosto y puerte Mahon
Los majores puertes del Mediterraneo son.

mer : car alors, adieu les douces émotions du voyage et la poésie de l'espace. Mais lorsque, dans un de ses moments de bonne humeur, le vieil Éole retient les vents orageux enchaînés dans son antre et ne laisse échapper dans les airs qu'une brise caressante, lorsque le navire glisse comme une flèche légère sur la vague aplanie, creusant sous sa quille un large sillon, qui le jour se dore aux rayons du soleil, qui la nuit reflète sur sa nappe ondulante les blanches clartés de la lune et le scintillement des étoiles, oh! le beau et magnifique spectacle!

Rassurez-vous, monsieur, je ne veux point essayer de vous faire une nouvelle description de la mer. Je n'ai point, pour entreprendre une pareille œuvre, les couleurs de l'arc-en-ciel dans mon écritoire et les teintes de Claude Lorrain au bout de ma plume. Que pourrais-je vous dire de ces grandes scènes de la nature que vous n'ayez sans doute vous-même éprouvé plusieurs fois? De toutes les mers que je connais, nulle ne me paraît d'ailleurs plus difficile à dépeindre que la Mediterranée. Je me souviens de la mer Noire, avec ses côtes arides; de la mer du Nord, avec ses hautes dunes de sable; de la Baltique, avec ses rives plates, silencieuses; de la mer impétueuse sur laquelle j'ai vogué vers l'Islande, et de celle qui nous a portés au Spitzberg. Leurs vagues sombres et profondes, leurs brumes sinistres, leurs rivages inanimés, et au delà des régions polaires toutes ces pointes de roc sans arbres et sans végétation, ces terres inhabitées, ces montagnes de glace qui se balancent sur les flots, ces jours perpétuels éclairés par un pâle soleil, toute cette muette, austère et effroyable nature ne donne à l'homme qu'une émotion, une émotion de douleur qui contracte les facultés de son âme, terrifie sa pensée, et, s'il ne s'élève à Dieu, l'écrase dans le sentiment de son néant. Mais aux bords de la Méditerranée, que d'images variées! que de vives et fécondes sensations! La Méditerranée, c'est le miroir de plusieurs mondes, la source vivifiante qui anime et féconde le génie de vingt nations différentes, le champ de bataille de tous les peuples, le point de jonction de toutes les races. En ses heures de tempêtes, c'est la terrible tristesse du Nord; en ses heures de calme, la magique splendeur de l'Orient.

Nous longeons les côtes d'Espagne, et, à

chaque instant, nos regards sont surpris par le pittoresque point de vue d'une pyramide effilée et dentelée, d'une colline dont les pentes descendent jusque dans les flots, auxquels elles marient leur verdure, d'un village ombragé par des rameaux d'arbres et abrité par des chaînes de rocs.

IV.

Le lendemain matin nous voyons apparaître sur une vaste plaine, entourée d'une ceinture de montagnes, les maisons de Barcelonnette, le plateau que la redoutable forteresse de Mont-Jouich couvre de ses remparts, et les flèches gothiques des églises de Barcelone. Je n'ai passé que six heures dans cette ville. C'est assez pour en garder un souvenir ineffaçable; c'est trop peu pour oser en faire seulement l'esquisse. M. de Lesseps, prévenu de l'arrivée du ministre, vint le recevoir sur le quai, avec deux voitures attelées d'une demi-douzaine de mules, dont la tête, le poitrail et les flancs disparaissaient sous un amas de panaches, de colliers à grelots, de houppes et de franges éclatantes. Grâce à la célérité de ces nobles carrosses espagnols et à la complaisance de l'homme distingué qui voulait bien nous servir de guide, nous avons pu voir dans un court espace de temps les principaux monuments de l'antique cité d'Amilcar Barca, monter sur la terrasse de Mont-Jouich, parcourir les magnifiques rues *del Conde del Asalto* et de *la Union*, visiter les églises de *Santa Maria del Mar*, de *Santa Maria del Pino*, et la cathédrale, et le palais de justice, l'une des plus charmantes constructions gothiques qu'il soit possible d'imaginer. Les bombes de Mont-Jouich ont épargné ces précieux édifices. Les désastres de la guerre civile n'ont atteint ni la délicate sculpture, ni le riche jubé de la cathédrale, ni les arcades élancées de Santa Maria del Mar, ni la double galerie du cloître de Montecin, ni cette myriade de figures fantastiques, et cette profusion d'ornements qui décorent le palais de justice.

La pauvre ville mitraillée, dévastée, a du reste entièrement effacé les traces de son désastre. A voir ses quartiers aristocratiques, avec leurs élégants balcons et leurs rideaux flottants, ses places et ses marchés où toutes les denrées abondent, ses quais où se presse une foule de négociants et de matelots, son port rempli de navires, on ne dirait pas que c'est là cette ville qui naguère était menacée d'une ruine complète.. Mais c'est une de ces surprises que le voyageur éprouve souvent en Espagne. On se fait en général une fausse idée de ce pays. Si on se le représente d'après les récits des journaux, il doit être dépleuplé par la discorde, épuisé par la guerre, anéanti par tant de révolutions. Mais il y a là dans le sol, dans l'air, une action féconde qui répare tous les désastres, et dans cette forte race ibérienne une puissance de vitalité qui résiste à toutes les révolutions.

Nous continuons notre voyage en disant adieu à regret à cette ville, dont nous aurions voulu pouvoir longtemps encore observer le mouvement et contempler les œuvres d'art. Bientôt nous voyons les chaînes de montagnes gracieusement découpées qui avoisinent la plus grande des Baléares, les cimes du *Puig de Torcella* qui la domine, l'île sauvage de Draconera qui la précède, puis les tours rondes du château de Belver, et la romantique cité de Palma.

V.

Du côté de la mer, cette côte, dont les teintes d'ocre tranchent fortement sur la couleur bleue des eaux, ne présente partout qu'une surface nue et stérile. Mais l'intérieur du pays abonde en fruits de toute espèce : l'olivier, le caroubier, le pin d'Alger, couvrent ses collines; le myrte, le caprier, le romarin, parent les terrains pierreux, le cotonnier s'épanouit dans les vallées humides; la vigne étend de tous côtés ses légers rameaux, et l'oranger parfume tous les jardins. A l'entrée de cette île, qui a environ cinquante lieues de tour, est la ville de Palma, fondée par les Romains, envahie par les Vandales en 426, puis, en 798, par les Maures qui deux fois en furent chassés, deux fois y revinrent et de là portèrent leurs armes dans la Catalogne. Jaime le *Conquistador* leur enleva enfin, en 1229, cette possession et la légua à son fils avec le comté de Roussillon et la seigneurie de Montpellier. Jaime est le héros des Majorquins. La tradition populaire a idéalisé ses combats et agrandi le cercle de ses œuvres. On lui attribue la plupart des constructions qui décorent l'enceinte de Palma. S'il ne les a pas toutes faites lui-même, il paraît que du moins il en avait commencé plusieurs; que, dans son zèle de réformateur, il s'efforçait d'effacer partout les traces des Maures, et de bâtir sur les ruines de leurs mosquées des édifices religieux et militaires. Au bord des remparts qui entourent la ville s'élève la cathédrale, dont les tours légères se détachent sur les teintes de pourpre de l'horizon comme les lignes effilées d'un dessin bizantin sur un fond d'or, et dont la masse imposante plane au-dessus des flots comme un édifice que le coup de baguette d'une fée aurait fait sortir du sein de la mer. Jaime le *Conquistador* avait posé les bases de ce magnifique monument; les luttes déplorables de ses successeurs, les dissensions civiles ayant épuisé les ressources du pays, il fallut, pour continuer la religieuse fondation de Jaime, solliciter la piété des fidèles, recourir aux quêtes, aux aumônes, et, ce qui était plus productif, à la vanité humaine. On vendit aux nobles le droit de faire apposer leurs armoiries aux murs de la royale église. Pour 1000 livres majorquines ils avaient la douce satisfaction de voir leur blason appendu aux clefs de la voûte de la grande nef; pour 500 livres ils pouvaient encore le placer aux clefs de voûte des bas côtés. Grâce à cette ingénieuse spéculation, la cathédrale fut terminée, et il n'est pas un archéologue qui, en la visitant, ne rende grâce à la prétention aristocratique dont les orgueilleux tributs ont aidé à la structure de ces trois vastes nefs, de ces hauts piliers, de ces portes ciselées avec un goût exquis. Trois autres édifices remarquables attirent encore dans cette ville les regards de l'artiste : le *Palacio real*, construit, dit-on, par Jaime II, et occupé à présent par le capitaine général; la *Lonja* (la Bourse), que les habitants de Palma montrent aux étrangers avec une fierté mêlée de regrets, comme un monument de leur ancienne splendeur commerciale, et l'*Ayuntamiento*, dont les saillies supérieures sont, dit M. Laurens, travaillées avec une richesse digne des plus beaux palais de Florence.

VI.

Nous saluons avec respect cette île dont l'histoire est si riche en souvenirs, et, un instant après, nous passons devant une autre île dont l'aspect réveillait en nous une douloureuse pensée. C'est ce roc sauvage de Cabrera, ce roc maudit sur lequel les Anglais ont imprimé dans une de leurs atrocités une tache ignominieuse, que ni les flots de la Méditerranée ni le cours des siècles ne pourraient effacer. C'est là, c'est sur ces monticules arides, pareils à de sombres tumulus, qu'après la capitulation de Baylen, dix-neuf mille hommes furent séparés du reste du monde, abandonnés au sein de la mer, sans vivres, sans munitions, sans secours. Leur arsenal se composait d'une hache et d'une scie qu'un sapeur du génie était parvenu à fabriquer avec une mauvaise lime et un cercle de tonneau. La plupart d'entre eux étaient nus ou ne portaient sur leur corps que de misérables vêtements. Pour toute nourriture, on ne leur accordait guère que des rations de pain si exiguës, que la distribution s'en faisait avec une sorte de solennité religieuse, et que l'on en recueillait jusqu'aux moindres parcelles. Chaque semaine, un bateau devait leur apporter cet aliment; mais un coup de vent pouvait le retarder, l'arrêter peut-être dans sa marche, et l'on attendait son arrivée avec angoisse. Une fois, on l'attendit vainement pendant plus de quatre jours. Une discussion s'était élevée entre les autorités de Palma et les fournisseurs, et le général anglais, peu soucieux des tortures auxquelles était livrée la colonie de Cabrera, n'avait pas voulu laisser partir les rations hebdomadaires avant que ce grave différend fût apaisé.

Dans cette horrible situation, nos soldats essayaient de surmonter leur destinée par leur courage, et employaient pour tromper leurs souffrances un esprit d'invention qui eût fait honte à l'aventureux Robinson. A l'aide de cette hache, de cette scie que chaque homme louait tour à tour, les pauvres colons, divisés par quartiers, par compagnies, en étaient venus à se construire avec des rameaux de pins, de lentisques et des amas de joncs, de longues lignes de cabanes qui les protégeaient contre la pluie et le soleil. Les plus savants avaient même eu l'audacieuse idée de joindre à ces barraques le luxe opulent d'un jardin, où, à force de travail et de soins réitérés, ils jouissaient du plaisir de voir pousser hors de terre quelques méchants légumes.

Par une de ces douces réminiscences de la patrie, qui, dans une telle position, ressemblait à une amère ironie, le quartier le plus populeux de la tribu captive avait été décoré du nom de *Palais royal*. C'était le quartier le plus aristocratique de la colonie, son bazar, sa bourse, son académie. Des dragons auvergnats y étalaient un assortiment de cuillères et de fourchettes en buis patiemment ciselées dans la grotte qui leur servait de refuge; d'autres soldats y apportaient des ouvrages en cheveux, en os, en coquillages, que les gens des équipages de la croisière anglaise, quelques habitants de Palma, quelques spéculateurs espagnols achetaient par commisération ou par calcul, dans l'espoir de les revendre avantageusement. Dans d'autres boutiques, le fantassin, transformé en marchand industrieux, débitait les objets de première nécessité qu'il avait réussi à se procurer par l'entremise de quelques matelots. C'était du pain de munition, du tabac, du fil et des aiguilles, un peu d'eau-de-vie de contrebande, des cartes et des lambeaux de drap.

Près de là, les savants du lieu ouvraient des cours de philologie, commentaient, par l'unique secours de leur mémoire, les vers d'Homère et de Virgile, enseignaient les mathématiques ou le dessin en traçant avec une baguette, sur le sable, les lignes d'un triangle ou le classique profil de l'Apollon du Belvéder. Un cercle d'auditeurs attentifs assistait régulièrement à ces leçons, qui ne devaient recevoir ni les encouragements du grand maître de l'Université ni les récompenses de l'Institut. Mais, pour être vrais, nous devons dire qu'à quelques pas du cercle académique où ces beaux esprits étalaient les trésors de leur science ou de leur imagination, d'autres maîtres attiraient un bien plus grand nombre d'élèves, et c'étaient les maîtres d'escrime, de danse, ou mieux encore les habiles instituteurs qui démontraient le maniement de la savate et du bâton.

Pauvres infortunés prisonniers qui essayaient ainsi d'oublier leur misère, de s'oublier eux-mêmes, de chanter quand ils étaient en proie aux tourments de la faim, de rire quand le sentiment de leur horrible destin leur brisait le cœur! Pauvres gens si fermes et si résignés, ils succombaient pourtant après une vaine résistance à l'atroce régime auquel ils étaient condamnés, aux maladies engendrées par leurs privations, aux douleurs de la nostalgie. Lorsque pendant quatre jours ils attendirent le convoi qui devait leur arriver régulièrement chaque semaine, ils s'imaginèrent qu'on voulait les laisser mourir de faim. Un grand nombre d'entre eux tombèrent dans un morne désespoir, et plusieurs se tuèrent en adressant une dernière pensée d'amour à la France, en maudissant l'infâme lâcheté de leurs bourreaux. Lorsqu'enfin, par le traité de 1814, ces malheureux furent appelés à rentrer sur la terre natale, cette colonie guerrière, composée de tant de soldats jeunes et vigoureux, était réduite à trois mille hommes. Six ans de séjour dans l'île de Cabrera, sous l'administration anglaise, en avaient fait périr seize mille.

Laissons cette déplorable page d'histoire. Nous touchons à une autre histoire fière et glorieuse, qui a irrité l'arrogante ambition de l'Angleterre, mais qu'elle n'a pu rayer de nos annales.

Palma nous avait déjà rappelé un des épisodes de notre expédition africaine. C'est là que le 29 mai, notre flotte, chassée par un coup de vent des côtes d'Alger, vint se rallier pour se remettre en marche dix jours après et s'en aller planter le drapeau de France sur la citadelle des pirates. Cette retraite fut un grand événement. L'Angleterre en tressaillit de joie; le dey d'Alger, ému peut-être un instant de l'arrivée de tant de vaisseaux et de tant de soldats, se remit paisiblement à fumer son chibouk, persuadé que par la volonté d'Allah, les éléments combattaient contre nous comme autrefois contre Charles-Quint. Quant aux habitants de Majorque, si longtemps victimes du cruel voisinage des États barbaresques, ils avaient appris avec bonheur les préparatifs de notre expédition, ils accueillirent avec empressement notre flotte dans leur rade, convaincus qu'une telle armée ne faillirait point à sa mission. Entre les petites îles d'Iviça et de Formentera, autre épisode. C'est là que l'amiral Duperré rencontra Taher Pacha, envoyé par Mahmoud pour prévenir les suites de la redoutable collision provoquée par l'insolente et la folle obstination de Hussein-Dey. Si l'on eût écouté ses propositions, c'en était fait du magnifique exemple que nous devions donner au monde. Le dey nous faisait amende honorable. La France obtenait de nouvelles garanties contre les déprédations des pirates, mais l'Europe retombait sous le honteux vasselage dont nous l'avons affranchie.

VII.

Le 3 juillet au matin, nous arrivons en face de ces lieux dont le nom est si souvent répété dans nos livres, dans nos journaux, dont l'aspect a été si souvent décrit, que, sans être sorti des barrières de Paris, il semble qu'on les connaisse comme si on les avait vus. Voilà Sidi-Ferruch, d'où les Bédouins suivaient du regard le mouvement de nos vaisseaux, et la vaste baie de Torre-Chica, où l'amiral conduisit ses escadres après les avoir majestueusement fait défiler sous les yeux de la population algérienne, et la plaine de Staoueli, ensanglantée par notre première bataille, illustrée par notre premier triomphe; et plus loin, quelles sont ces teintes d'azur, ces blanches coupoles qui apparaissent à travers les brumes flottant à l'horizon? Ce sont les cimes bleuâtres de l'Atlas et les minarets d'Alger.

Le bateau glisse rapidement au pied d'une colline, çà et là aride et déserte, çà et là parsemée d'arbres verts et égayée par de riantes habitations. Dans un court espace de temps, nous avons franchi la distance qui sépare le promontoire de Sidi-Ferruch de l'amirauté d'Alger. Le port est rempli de bâtiments de commerce et de bateaux à vapeur; les quais sont couverts d'une foule empressée. On a signalé depuis deux heures l'arrivée de M. de Salvandy. C'est la première fois qu'un ministre vient visiter la colonie algérienne, et toute la ville est en mouvement, les employés du gouvernement en grand uniforme, les bataillons d'infanterie, les chasseurs à cheval rangés sur la plage, les curieux à toutes les portes, les bateliers et les porte-faix, qui de ce débarquement espèrent une bonne journée, et les solliciteurs, qui déjà préparent leurs placets, et veulent voir à son passage celui dont la présence dans leur cité seconde leurs projets, encourage leurs espérances. Une embarcation amène à notre bord le maréchal Bugeaud avec les principales autorités d'Alger ; d'autres la suivent, pleines d'officiers et de fonctionnaires civils. C'est une de ces circonstances solennelles où toute une population se montre sous son côté le plus brillant, c'est Alger en habits de fête. Tandis que les états-majors se pressent autour du ministre, que le maire lui adresse sa harangue officielle et le maréchal une de ses cordiales allocutions, tandis que les coups de canon se mêlent pour le saluer aux fanfares des clairons, je regarde dans un muet saisissement le spectacle qui m'entoure, tout ce monde de France conduit par la Providence sur une côte barbare, toute cette rade jadis si redoutée et maintenant si libre et si riante, tout ce repaire de brigands conquis par nos armes, et ces fabuleuses montagnes de l'Atlas explorées par nos soldats, mesurées par nos ingénieurs, et cette ville d'esclaves affranchie par nos lois. Que les chiffreurs de budget, les économes de la matière additionnent tant qu'ils voudront ce que nous coûte l'Algérie ; il n'y a pas de millions qui vaillent la grande et religieuse pensée qui sur ces lieux rehausse le cœur de la France, l'éclat d'un succès vainement tenté par les Portugais et les Espagnols, par les flottes de Charles-Quint, annoncé par les bombes de Duquesne, et légué à l'admiration de l'Europe, comme un sublime adieu, par le successeur d'une monarchie de quinze siècles. Oh! pauvres navigateurs chrétiens d'autrefois, tendres et charitables Pères de la Merci, qui vous en alliez de province en province, quêtant des aumônes pour le rachat des captifs; vous qui avez succombé à cette tâche évangélique, noble et courageux Lucien Hérault[1]; vous qui avez connu les douleurs de l'esclavage, magnanime saint Vincent de Paule, et toi, honnête chevalier d'Aranda[2], qui nous as si naï-

[1] *Les Victoires de la Charité,* ou la relation des voyages faits à Alger par le R. P. Lucien Hérault pour le rachat des Français esclaves, aux années 1643 et 1646, 1 vol. in-12. Paris 1646.

[2] *Relation de la captivité et liberté du sieur Emmanuel de Aranda,* 1 vol. in-18. Bruxelles 1656. Petit livre rare et curieux avec le portrait de l'auteur orné de ce quatrain :

Ce n'est ici que la peinture
De l'auteur de cette avanture,
Qui le voit le connaît des yeux,
Mais qui le lit le connaît mieux.

vement conté ton funeste voyage, et toi dont les souffrances n'ont pu éteindre le génie, cher et charmant Cervantes; et toi, joyeux Regnard, qui fus aussi la proie des corsaires algériens, que ne pouvez-vous revoir ces parages où l'on ne s'aventurait jamais sans crainte, ces cités impitoyables où vous avez langui dans l'atmosphère infecte d'un cachot, sous le poids de vos fers ou sous le fouet sanglant de vos gardiens! Ces parages sont libres, ces cités sourient au marchand qui vient y faire son négoce, au voyageur qui veut les visiter.

La plus effrayante de toutes, la pépinière des forbans, la capitale de l'Algérie offre encore de loin la même forme, le même aspect qu'au temps où son nom seul répandait partout la terreur. C'est une large ligne de constructions qui s'étend le long de la mer, qui monte en se rétrécissant comme un triangle jusqu'au sommet de la colline, d'où elle plane sur les campagnes qui lui sont soumises, sur les flots, domaine des pirates.

On peut voir en Orient beaucoup de villes construites dans le genre de celle-ci : maisons carrées comme des dés, façades blanchies à la chaux, galeries à terrasse; mais je n'en connais pas une qui présente comme celle-ci une masse si imposante de constructions, si serrée et si compacte, qu'on la dirait taillée d'un seul bloc dans une carrière de marbre. Et lorsqu'on pénètre dans son enceinte, c'est bien le tableau le plus bizarre, le plus étrange qu'il soit possible d'imaginer. La civilisation européenne avec sa mobilité continue s'y mêle à l'impassible physionomie des races orientales, y porte de tous côtés ses habitudes élégantes, ses fantaisies capricieuses et ses formes grotesques. Le quartier qui s'étend de l'Amirauté à la porte Bab-Azoun est aussi français que le chef-lieu d'un de nos vieux départements. Rien n'y manque pour constater l'incessante activité de la France, avec son caractère entreprenant, ses tendances utiles et ses besoins vulgaires. De magnifiques hôtels s'élèvent sur les ruines des chétives maisons en plâtre qui jadis inondaient ce quartier; de larges rues à arcades ont remplacé les ruelles tortueuses où naguère deux mulets n'auraient pu passer de front. Ici, la grue gémissante porte à un troisième étage les poutres d'un nouvel édifice; là, le hoyau et la pelle déblayent les avenues d'un carrefour. Ingénieurs et architectes, menuisiers et maçons partout sont à l'œuvre. Puis au milieu de ce labeur souvent très-habile, et quelquefois précipité, voici ce qui rappelle la vive empreinte de la population parisienne : restaurants à la carte et à prix fixe, cafés et divans, marchandes de modes et coiffeurs, et les omnibus, qui déjà séduisent les Arabes, et les diligences qui ont leur service régulier comme les messageries Lafitte, et les guinguettes de la barrière avec leurs enseignes symboliques. Mais au milieu de cette cité française, les regards sont frappés par une variété de costumes, de types, de figures, par un mélange de races dont nulle autre capitale ne peut donner l'idée. Près du juif aux vêtements sales, au visage inquiet, voici l'Arabe à l'œil étincelant, à la démarche majestueuse; près du pauvre manœuvre qui fléchit sous le poids de son fardeau, voici le jeune élève de Saint-Cyr, tout fier de sa fraîche épaulette et de ses éperons qu'il fait résonner sur le pavé; à côté de la femme maure qui glisse timidement le long des murs, le visage voilé par sa tunique, passe en sautillant la légère enfant des boulevards, qui serait bien désolée qu'on ne vît pas son joli chapeau et son écharpe brodée. Kabyles des montagnes, Maures et Biskaris, Espagnols et Maltais se croisent sans cesse dans les rues avec nos soldats et nos officiers. Des spahis partent au grand galop chargés de dépêches ; des pièces d'artillerie roulent dans les rues, des troupeaux d'ânes et de mulets apportent au marché les provisions du jour ; le tambour bat, les postes prennent les armes, les généraux traversent la ville sur des chevaux écumants. On dirait un immense campement, refuge d'une quantité de diverses tribus, vivifié par toutes sortes d'industries, et retentissant de tous les bruits de la guerre. La vieille enceinte d'Alger n'est plus assez vaste pour contenir tant de monde, la population déborde hors de ses premières limites. Pour lui donner l'espace dont elle a besoin, il a fallu démolir les remparts de Bab-Azoun et les reporter en pleine campagne.

Quand on sort de cette zone si populeuse, si animée, et que l'on gravit les pentes escarpées de la colline algérienne, du côté de la Casbah, peu à peu on voit disparaître ces traces de la vie européenne, on entre dans une région toute différente : c'est la ville arabe, la ville semblable à celles de Turquie et de Syrie, avec ses ruelles étroites, ses maisons basses et sombres, ses enfants demi-nus, ses femmes cachées dans leur solitude mystérieuse, et ses hommes accroupis indolemment à la porte d'un café ou dans l'échoppe d'un barbier. Si, le soir, on monte sur une de ces terrasses plates qui dominent chaque habitation, et qui ne sont séparées l'une de l'autre que par un léger mur, on peut voir ces mêmes hommes étendant leur natte sur leur couche de plâtre, et, le corps enveloppé dans les replis de leur burnous, s'endormant sous la magnifique tente de leur ciel étoilé. C'est la cité d'Asmodée, que nul toit ne dérobe aux regards. A cette heure de repos, il y a dans l'aspect du vaste panorama d'Alger un charme solennel que nulle parole ne peut rendre. D'un côté, toute cette population plongée dans son sommeil, toutes ces terrasses qui se détachent dans l'ombre comme des masses de neige; de l'autre, la mer, aplanie comme un miroir, reflétant dans son sein la lueur vacillante du falot des navires, l'étincelle des étoiles scintillant comme des fusées, et les molles et ondulantes clartés de la lune; plus loin, les montagnes dont les cimes vaporeuses se confondent avec l'azur du ciel; au bas de la ville arabe, silencieuse et immobile, la ville européenne qui n'a pas encore fini sa journée, les familles groupées sur leurs riantes galeries, et la foule circulant sur la place Royale. C'est le moment où ceux qu'une ardente température, un travail obligé, ont retenu dès le matin dans leur demeure, aiment à venir se reposer en plein air de leur tâche et respirer la brise fraîche. Près de la rue Bab-Azoun, une musique arabe réunit autour de ses tambourins un cercle nombreux et enchante nos soldats. Le long de la balustrade qui borde cette place, le poëte au cœur enthousiaste s'en va poursuivre son rêve à côté du spéculateur à l'esprit soucieux qui combine un nouveau moyen de lucre. Devant l'hôtel de la Régence, une quantité d'officiers, de fonctionnaires, s'asseyent à des tables où la limonade gazeuse pétille entre les tasses de café brûlant et les sorbets glacés. Le nom de la France retentit à tout instant dans leurs entretiens; car la France c'est leur pensée constante, leur regret et leur espoir. Celui-ci qui en vient est accueilli avec empressement, écouté avec avidité. Celui qui y retourne emporte bien des vœux et des confidences dont on lui demandera un compte rigoureux à son retour.

Il est une autre face d'Alger fort triste à dépeindre, et qu'on ne peut cependant éviter; je veux parler de cet amas de gens sans profession et souvent sans aveu, gens de sac et de corde qui, des parages de la Méditerranée, abordent beaucoup trop aisément sur les côtes algériennes. Quiconque se sent la conscience embarrassée, quiconque a eu, comme disaient nos vieilles comédies, quelque démêlé avec la justice, tourne ses regards vers Alger, et trouve là une occasion facile d'exercer une industrie. Il en vient des îles Baléares, des rives de l'Espagne, des tribus arabes et des provinces de France. Le désir que l'on a d'augmenter la colonie européenne ouvre les portes de la ville à ces troupes de mécréants; puis la police se fâche et en fait entrer un bon nombre dans ses prisons. Mais la police n'atteint pas une autre race d'individus non moins dangereuse, cette race de courtiers qui, sans avoir pour la plupart ni sou ni maille, entreprennent des spéculations gigantesques et jettent la perturbation dans le mouvement des affaires. Plusieurs écrivains l'ont déjà dit, et il faut le répéter, dans l'espoir de prévenir les dangers du mal en les signalant : la rareté des capitaux, les nécessités soudaines d'une ville envahie tout à coup par une population nouvelle, tant d'édifices à construire, tant de libres propriétés à occuper, ont enfanté à Alger un agiotage qui dépasse tout ce qui se peut voir de plus beau en ce genre dans les ingénieux procédés des vieilles capitales de l'Europe. On spéculait autrefois à la Bourse d'Amsterdam sur des fleurs fabuleuses que nul jardinier n'avait vu poindre, que nul botaniste ne pouvait classer ; on spécule ici sur des terrains qu'on ne peut enlever à leurs légitimes possesseurs, sur des champs dont on ignore les limites, quelquefois même sur un sol qui n'existe pas. Quel que soit l'objet de ces calculs insensés, les chances de succès n'en sont pas moins mathématiquement démontrées, et la spéculation n'en va pas moins son train. Les plus adroits y font fortune, les autres s'y ruinent, et tous donnent aux Arabes, qui nous observent en silence, un funeste spectacle. Non, ce n'est pas ainsi que nous établirons notre domination morale en Algérie, que nous assurerons les progrès de notre colonie.

Mais, après avoir observé ce fatal état de choses, auquel le temps, les mesures du gouvernement, et, je l'espère, les bienfaits de la paix apporteront sans doute un remède bien désirable, il vous serait doux, monsieur, de voir les établissements qu'une pensée religieuse a fondés, qu'un dévouement charitable soutient, et qui honorent sur la terre musulmane la France chrétienne. Il en est trois, entre autres, qui m'ont vivement frappé par leur institution et leurs résultats, et où je vous demande la permission de vous conduire : c'est la colonie des Trappistes et les maisons des Orphelins.

VIII.

Nous partons sur un bateau à vapeur commandé par un aimable capitaine de corvette. M. de Salvandy, avec la sollicitude qui le porte à étudier sous ses différents rapports l'état de la colonisation algérienne, a lui-même ordonné cette excursion. Le nouveau prélat d'Alger, Mgr. Pavie, commence par là sa tournée épiscopale. Nous passons encore au pied de la côte qui s'étend jusqu'à la pointe de Sidi-Ferruch, au pied des jolies maisons de campagne et des cabanes de pêcheurs qui l'animent. Deux voitures attelées de quatre chevaux nous attendent sur la plage. Nous ne sommes plus qu'à deux lieues du couvent que nous allons visiter, et il semble que nous soyons en plein désert. Toute trace de culture, d'habitation a disparu; on ne voit plus qu'une terre sablonneuse d'une teinte jaunâtre, couverte de lentisques, de palmiers nains qui ne donnent aucun produit et rendent le défrichement du sol très-difficile. A la distance de trente-cinq degrés de latitude, cette nature aride, ces arbrisseaux rabougris me rappelaient la pâle et chétive végétation des montagnes de la Laponie. A peine sommes-nous en marche que nos chevaux s'épuisent à tirer notre voiture, dont les roues creusent dans le sable de profondes ornières. En vain les postillons crient, s'emportent; les pauvres bêtes, suant, soufflant comme l'attelage du coche, résistent au fouet et à l'éperon; pour les soulager, il faut que nous abandonnions les coussins élastiques où nous nous trouvions bercés comme des nababs, que nous nous résignions à poursuivre notre route à pied. Et comme on apprend, dit un de nos proverbes, toujours quelque chose en vieillissant, j'ai appris sur le chemin de Staoueli que les *sables brûlants* ne sont point une métaphore; ceux-ci brûlaient la semelle de nos souliers comme le minerai que les forgerons tirent de la fournaise ardente. Imaginez, monsieur, l'agréable surprise que l'on éprouve lorsque, après avoir cheminé pendant près de deux mortelles heures sur cet aride plateau, à travers ces sombres broussailles, repaire des chacals, tout à coup on arrive en face d'un vaste établissement que l'on prendrait pour une des belles propriétés agricoles de Normandie : ici, une élégante maison qui porte sur sa façade le nom d'*hôtel de Staoueli*, et sert d'auberge aux voyageurs; là, le couvent large et élevé; de tous côtés des champs laborieusement défrichés, des sillons où le blé ondoie, des pâturages où paissent de gras troupeaux, des allées d'arbres; et au milieu de l'enceinte occupée par les Trappistes, sous les fenêtres de leur cloître, un massif d'arbustes verts dominé par un palmier. C'est un asile religieux, un oratoire poétique. Les arbrisseaux qui l'entourent voilent un autel, et ses branches de palmier s'étendent sur une statue de la Vierge, au pied de laquelle les Trappistes vont souvent prier à deux genoux, et que les Arabes eux-mêmes ont appris à regarder avec respect. Ce fut là que le supérieur, qui était venu à notre rencontre, nous conduisit en procession avec ses frères. De là nous nous rendîmes à l'église, où l'évêque donna à la communauté sa bénédiction. C'était un beau et touchant spectacle que de voir sur cette terre d'Afrique ces austères apôtres de l'Évangile rangés le long de la nef, avec leur figure macérée par la pénitence et leurs lourds manteaux de laine; le prélat de l'Algérie montant d'un pas majestueux les marches de l'autel, les assistants écoutant avec recueillement les psalmodies de l'hymne chrétienne, et des groupes de Maures, à la figure bronzée, debout à la porte du sanctuaire et contemplant en silence cet imposant tableau. Que de douces et grandes réflexions ont dû à cet aspect s'éveiller dans tous les esprits! L'église des Trappistes a été bâtie sur la terre où, il y a seize ans, nos soldats remportèrent leur première victoire algérienne. Les murs du chœur cachent sous leurs fondements les boulets de canon recueillis sur ce champ de bataille. Nos troupes s'éloignaient, et la mémorable plaine de Staoueli restait déserte. La religion a consacré le sol conquis par nos armes; la croix, symbole de paix et de miséricorde, s'élève sur les sillons ensanglantés par les cruautés de la guerre, et une religieuse communauté donne l'exemple du travail, des douces vertus, des œuvres de charité aux lieux où l'on a vu des légions ennemies s'élancer avec fureur l'une contre l'autre. Après mille ans d'exil et de persécutions, le christianisme reparaît avec sa sublime sérénité et sa mission céleste dans ces régions barbares où la loi du glaive l'avait remplacé. Dix siècles de proscription n'ont point altéré son caractère auguste, et la cérémonie à laquelle nous assistons reporte notre cœur au temps de saint Augustin.

Je voudrais pouvoir, monsieur, vous dire les paroles que dans cette réunion, au sortir de l'église, Mgr. Pavie et M. de Salvandy ont adressées aux Trappistes réunis en cercle autour d'eux. L'un et l'autre étaient profondément pénétrés de ces religieuses pensées qui élèvent l'âme et donnent à la parole humaine un accent solennel. Mais en essayant de répéter leurs discours, je craindrais de les altérer; et d'ailleurs pour savoir l'effet qu'ils ont produit, il faut les avoir entendus dans la circonstance qui les inspirait.

Après la cérémonie religieuse, les Trappistes ont voulu nous offrir une collation dans leur réfectoire, humble et modeste repas qui cependant était pour eux un repas de luxe. Vous connaissez le sévère régime auquel ils sont soumis. Ceux d'Afrique ont seulement de plus que leurs frères de France la permission de boire du vin; la permission! non, je me trompe, c'est un ordre qui leur a été donné par leur supérieur général pour soutenir leurs forces physiques sous ce rude climat d'Afrique. Plusieurs d'entre eux ne sont à Staoueli que depuis peu de temps et déjà les rigueurs de leur vie de cénobites ont amaigri leurs membres et fait fléchir leur corps. Cependant il y a dans la limpidité de leurs regards, sur les traits de leur visage une expression de paix et de satisfaction intérieure que pourrait envier plus d'un heureux du monde. L'un d'eux, tout jeune encore et remarquable par sa belle et intelligente figure, m'a parlé des jours qui avaient précédé son entrée dans le cloître. Né sous le beau ciel du Poitou, d'une famille aisée, il s'était à la fin de ses études jeté successivement dans plusieurs carrières, il avait livré son esprit à divers rêves d'ambition. Le désir d'accroître sa fortune l'avait d'abord conduit au commerce; le désir de s'instruire l'avait entraîné dans de lointains voyages. Mais rien n'apaisait l'inquiète agitation de sa pensée, le trouble de son cœur, jusqu'à ce qu'enfin, fatigué de chercher inutilement dans le capricieux essor de son existence le calme auquel il aspirait, il prit la résolution d'abdiquer tous ses projets trompeurs, toutes ses espérances décevantes, et de demander à Dieu ce qu'il avait en vain demandé au monde. Il y a trois ans qu'il est entré au cloître, et il n'a pas regretté un seul instant la sainte décision qui l'y a conduit. « C'est ici, me disait-il avec une douce onction, que j'ai trouvé le repos de l'âme et le contentement. Tenez, ajouta-t-il en me montrant sa pauvre couchette, composée d'une paillasse, d'une couverture en laine au-dessus de laquelle un Christ étend les bras ; jamais je n'ai si paisiblement dormi que sur ce lit, qui vous paraîtrait peut-être bien dur. » Puis en montrant les rayons de la bibliothèque du couvent : « Je n'ai connu, me disait-il encore, les vraies joies de l'étude que dans cette enceinte, dotée par la piété des fidèles de quelques bons livres. »

Quand on voit ce que les Trappistes ont fait à Staoueli depuis qu'ils y sont établis, on comprend qu'indépendamment de l'espoir religieux qui les anime, ils doivent trouver une sorte de satisfaction matérielle dans le progrès de leur œuvre. Une généreuse pensée leur a fait entreprendre une tâche qui, aux yeux de beaucoup de gens, semblait à peu près impossible, et l'ardeur de la foi les a soutenus dans les difficultés de toute sorte qu'ils ont eues à surmonter.

Au mois d'août 1843, les Trappistes vinrent prendre possession du terrain qui leur avait été concédé dans cette aride plaine de Staoueli. Une messe fut célébrée en plein air près de l'emplacement où depuis ils ont construit leur église ; des tentes furent dressées sur le sable pour abriter le supérieur et les religieux. M. le maréchal Bugeaud leur donna avec une affectueuse bonté une compagnie de soldats de discipline et sept sapeurs pour les aider dans leurs premiers travaux, mit à leur disposition des chevaux de transport, des charrettes, des instruments aratoires. Huit mois après, le sol de Staoueli avait été transformé comme par magie. Les laborieux cénobites, aidés par les soldats qui leur étaient adjoints et par un certain nombre d'ouvriers salariés, avaient enlevé sur un immense espace les palmiers nains, si difficiles à arracher. Soixante hectares avaient été mis en culture, vingt-trois hectares convertis en prairies, quarante-cinq ensemencés en céréales. On avait fait un jardin de six hectares, planté mille deux cents mûriers, trois cents peupliers d'Italie, trois cents arbres d'agrément, sept cents arbres fruitiers. On avait construit les murs du couvent. Les religieux exploitaient eux-mêmes une carrière de pierres, cuisaient leur chaux et travaillaient à fabriquer leurs tuiles.

L'année 1844, qui, au printemps, s'annonçait sous de si heureux auspices, fut une année de déceptions et de malheurs. La récolte manqua. Les mauvais temps engendrèrent dans la colonie naissante des maladies mortelles. Dans l'espace de trois mois, sept religieux succombèrent à la fièvre ou à la dyssenterie. La pauvre communauté, qui avait épuisé toutes ses ressources à se procurer les choses de première nécessité et à payer ses ouvriers, se trouvait dans un désolant embarras. Pour pouvoir continuer ses travaux et attendre les produits d'un temps meilleur, il fallait qu'elle eût recours à l'emprunt, à un emprunt de trente mille francs. Les bons religieux ont eu la complaisance de me communiquer le registre où ils relatent jour par jour l'histoire de leur établissement. J'ai lu dans cette naïve chronique le récit du voyage que deux d'entre eux firent en France dans le but de se procurer cette énorme somme de trente mille francs, et les obstacles qu'ils eurent à vaincre pour en obtenir d'abord un tiers. C'est une noble et touchante narration. Tout le livre, du reste, est écrit avec un admirable sentiment de piété et une tendre expansion. On n'y trouve pas une plainte, pas le moindre grief, mais le nom de ceux qui se sont occupés de la communauté y est cité avec une vive reconnaissance. J'y ai lu à plusieurs pages celui de Mgr. Dupuch, qui défendit avec zèle les intérêts de la colonie;

celui de M. le duc d'Aumale et de M. le duc de Montpensier; celui de M. le maréchal Bugeaud, qui a tant contribué au soutien de cet établissement; celui de M. de Corcelles, qui a usé de toute son influence pour venir en aide à ces pauvres ermites.

Maintenant les religieux de Staoueli sont sortis de leur crise financière. Cette année, ils ont pu vendre des grains récoltés dans leurs champs, des bestiaux élevés dans leurs pâturages. Ils espèrent parvenir à payer peu à peu leurs dettes, et acquérir les moyens nécessaires pour fonder en Afrique d'autres maisons. La visite de M. de Salvandy leur sera utile. Dès son arrivée à Paris il leur a adressé une nombreuse collection de livres, et l'intérêt qu'ils lui ont inspiré ne s'arrêtera pas là.

La communauté se compose à présent de soixante-trois religieux, dont dix sont revêtus du caractère sacerdotal. Tous doivent travailler à la terre au moins six heures par jour. Quelques-uns s'occupent de divers travaux, et il en est un qui a su tirer parti du stérile palmier nain : il en fait de charmants chapelets. L'œuvre des Trappistes ne restera sans doute point concentrée dans la plaine de

Staoueli. Il faut que l'exemple de leur travail intelligent, de leur patience fructueuse se propage de côté et d'autre, qu'ils forment de nouveaux établissements, et soient sur divers points les instituteurs pratiques des Arabes et des chrétiens. En moins de trois ans ils ont montré de quel secours ils pourraient être à nos possessions africaines. Pour moi, je n'ai pas vu en Algérie une plus belle colonie que celle de ces humbles religieux, à qui il n'avait été donné qu'un très-mauvais terrain, et qui n'apportaient avec eux pour le défricher, ni crédit à la Banque ni capitaux.

IX.

En retournant vers Alger, nous nous arrêtons dans une maison d'orphelins fondée par les Jésuites. Nulle part un tel établissement n'était plus nécessaire; nulle part il ne peut exciter un plus vif intérêt. Ici la guerre, et ce qui est pire encore que la guerre, les rigueurs du climat, les maladies qu'il propage, déciment, ravagent la population. Combien de pauvres ouvriers ont quitté leur terre natale avec l'espoir de trouver en Algérie un emploi avantageux de leur industrie et n'y ont trouvé qu'une mort précoce. Leurs enfants sont là sans secours, sans fortune, éloignés des lieux où ils pourraient attirer les regards, émouvoir la pitié d'un ami de leur famille, d'un parent. Dans ce terrible état d'abandon, l'inépuisable charité chrétienne vient à eux, leur tend les bras, les recueille dans son sein, remplace leur père qui n'est plus et leur mère indigente.

Quand nous arrivâmes près de cette sainte institution, une centaine de ces jeunes disciples de la religion étaient rangés sur notre passage avec leur modeste uniforme : pantalon bleu, veste bleue, et cette riante physionomie de l'enfance qui échappe, par son léger essor ou par son ignorance, aux premières douleurs de la vie, aux craintes de l'avenir.

L'éducation qu'on leur donne est tout entière dirigée vers un but d'utilité pratique. On essaye d'en faire des ouvriers, des agriculteurs qui pourront plus tard servir la colonie d'où ils sont sortis et où ils doivent rentrer. Dans les salles d'étude on leur enseigne l'écriture, le calcul et quelques métiers. Autour de leur habitation il y a un terrain d'environ cent hectares qu'on leur apprend à cultiver. L'établissement est à la fois, comme on le voit, une école primaire et une sorte de ferme-modèle. Le gouvernement en a compris les précieux avantages et contribue à ses dépenses. Il lui alloue pour chaque élève une somme de vingt et un francs cinquante centimes par mois. Malheureusement le chiffre total de cette allocation est encore trop restreint et la maison des orphelins trop petite. Il faudrait l'élargir, lui donner les moyens de recevoir un plus grand nombre de ces pauvres enfants qui languissent dans la misère, qui, s'ils étaient placés sous l'heureuse influence d'un appui paternel et d'une sage direction, payeraient quelque jour au centuple les soins qu'on leur aurait donnés.

Près d'Alger, au-dessus d'un des coteaux qui dominent les remparts de la ville, les frais jardins et les délicieuses villas mauresques de Mustapha, il y a une autre institution du même genre destinée aux filles. Elle a été fondée sous l'actif patronage de Mgr. Dupuch par quelques dames d'Alger, en tête desquelles on aime à citer madame la maréchale Bugeaud, et l'épouse du lieutenant général de la province, madame de Bar. En inscrivant ici leur nom, je crains de gêner leur modestie; y ajouter une épithète louangeuse, ce serait l'offenser.

D'année en année, l'œuvre des pieuses fondatrices s'agrandit. En 1839 elles avaient recueilli dans une maison de la Casbah une dizaine d'orphelines. Bientôt il fallut transporter l'école naissante dans un local plus vaste, puis dans un autre plus vaste encore. Maintenant elle occupe l'ancien consulat de Danemark, et cette habitation, si spacieuse qu'elle soit, avec ses différents corps de logis, ses salons, ses galeries transformées en dortoirs et en ateliers, est trop étroite pour la quantité d'élèves que l'on voudrait y faire entrer. Grâce au zèle intelligent et dévoué de M. le colonel Marengo, qui lui-même avait voulu diriger tous les travaux de construction, l'hôtel du consulat avait été disposé de façon qu'on pût y installer environ deux cents jeunes filles. Mais après une fatale saison de mortalité, on en reçut plus de trois cents, qui sont là maintenant dans un espace si resserré que beaucoup d'entre elles tombent malades et dépérissent.

C'est pourtant une chose admirable à voir que les précautions hygiéniques dont on les entoure, et l'active et tendre sollicitude qui veille sur elle. L'établissement est confié à des religieuses de la congrégation de Saint-Vincent de Paule, à ces saintes femmes que l'on trouve partout où il y a une mission généreuse à accomplir, une misère à soulager. Dix-neuf sœurs sont chargées de l'enseignement et du service journalier de la maison; douze d'entre elles reçoivent de l'État un modique traitement qu'elles abandonnent à la communauté; d'autres, non contentes de lui consacrer leur labeur, leur instruction, lui apportent encore les revenus de leur patrimoine. La maison a besoin pour subsister des tributs de la charité et du produit des travaux qu'une ingénieuse conception y a organisés.

Les religieuses ont trouvé le moyen de faire servir à ses dépenses les leçons qu'elles donnent à leurs écolières. Elles ont établi dans l'enceinte de leur habitation une filature de soie, des ateliers de couture, de blanchissage; elles élèvent des bestiaux; elles cultivent elles-mêmes leur jardin; elles essayent enfin par tous les moyens possibles de former autour d'elles une pépinière de jeunes femmes sages, laborieuses, intelligentes, qui puissent au besoin trouver une ressource dans leur travail, diriger un ménage, et plus tard répandre les mêmes principes de piété et de patience dans le cœur de leurs enfants. Déjà l'hospice des orphelines d'Alger s'est acquis dans le pays un heureux renom, et plus d'un brave artisan, plus d'un honnête agriculteur est venu là demander à la supérieure une vertueuse compagne.

J'ai peur, monsieur, que cette rapide esquisse ne vous donne qu'une idée bien incomplète de ces vénérables établissements. Pour les apprécier, il faut avoir observé l'ordre qui y règne, le dévouement infatigable qui les soutient, les résultats qu'ils ont déjà produits et ceux qu'ils préparent. Quiconque les aura vus s'associera de cœur à leur généreuse institution, et fera des vœux ardents pour qu'ils trouvent dans l'appui du gouvernement, dans le concours des âmes charitables de plus grands moyens de développement. Ce sont là les conquêtes de la religion, nobles et précieuses conquêtes que la bénédiction de Dieu féconde et dont les fruits impérissables enrichiront les générations futures.

d'elles une pépinière de jeunes femmes sages, laborieuses, intelligentes, qui puissent au besoin trouver une ressource dans leur travail, diriger un ménage, et plus tard répandre les mêmes principes de ordre et de patience dans le [illegible] de leurs enfants. [illegible] [illegible] d'Alger [illegible] [illegible] le [illegible] [illegible] [illegible]

LETTRE DEUXIÈME

SOMMAIRE.

Alger. — Tenez. — Le Dahra. — Bou-Maza. — Orléansville. — Cherchell.

I.

Les jours s'écoulent vite à Alger, comme dans toutes les villes où il y a un très-grand mouvement. Le passé et le présent appellent ici à la fois l'attention. Les œuvres de l'industrie indigène et le travail de la population européenne surprennent sans cesse les regards par quelques contrastes inattendus. Après avoir lu les anciennes descriptions de la capitale des pirates, on veut voir ce qu'elle est devenue dans ses diverses phases historiques, et surtout la transformation qu'elle a subie depuis notre conquête. Pour reconnaître tous ces changements, on ne peut se borner à les observer dans l'intérieur de la ville; il faut franchir sa large enceinte, voir du côté de la pointe Pescade et du côté de Mustapha cette population qui déborde dans la campagne, ces belles grandes routes qui s'étendent sur des collines où l'on n'apercevait autrefois qu'un étroit sentier, ces voitures qui circulent librement dans ces mêmes lieux où naguère on ne pouvait s'aventurer sans une forte escorte, et cette *villeggiatura* africaine entourée de haies d'aloès et de nopals, ombragée par le vert feuillage du figuier, de l'oranger, et embellie par le luxe de la vie parisienne. Chaque matin nous nous proposions quelque nouvelle excursion que l'ardente chaleur de juillet pouvait rendre parfois pénible, mais où nous pouvions du moins parfaitement nous moquer de cette méchante pluie qui désole dans ses parties de campagne le bourgeois parisien.

Le soir, nous nous réunissions, dans le palais du gouvernement, à la famille de M. le maréchal Bugeaud. C'était l'un des moments les plus intéressants de notre journée. Vous qui avez bien voulu, monsieur, encourager la sincérité de sentiment qui sera peut-être l'unique qualité de cette modeste narration, permettez-moi de m'abandonner à ce même sentiment de conscience loyale et désintéressée, en vous parlant d'un homme dont les actes ont été tant de fois amèrement critiqués, et souvent dénaturés par une presse partiale et hostile. De même qu'un éloquent écrivain à qui nous devons un remarquable livre sur l'Algérie [1], je puis dire que je ne suis point dans la dépendance de M. le maréchal Bugeaud, je n'ai nulle faveur à solliciter de lui, nul grade civil ou militaire à lui demander. Mais je l'ai vu pendant plusieurs semaines dans des circonstances où le cœur et l'esprit se montrent tels qu'ils sont. Je l'ai vu dans des fêtes de famille, où sa nature expansive se dilatait avec bonheur, dans des réunions intimes, où il aimait à raconter les expériences qu'il avait faites, à parler de ses projets, où il nous entretenait tour à tour avec une égale ardeur et une verve intarissable, de ses plans de bataille et de ses améliorations agricoles. Je l'ai vu dans des excursions assez fatigantes, debout dès le matin, plus alerte que nous autres jeunes gens, stimulant chacun par son activité, observant à la fois le long de sa route, avec un coup d'œil d'une rare perspi-

[1] *Les Français en Algérie*, 1 vol. in-8, Tours, 1845.

cacité, toute trace de culture, tous les détails d'un établissement militaire, et charmant ceux qui l'entouraient par ses diverses qualités, tantôt simple et naïf comme un enfant, tantôt racontant avec une rare éloquence quelques-unes de nos grandes actions militaires, ou nous égayant par ses saillies humoristiques. Voilà, monsieur, ce qui m'a attaché à sa personne, ce qui a joint en moi un sentiment d'affection à la reconnaissance que je lui devais pour son accueil hospitalier. Et lorsque j'ai interrogé les personnes qui, depuis plusieurs années, l'ont suivi pas à pas dans l'exercice de son pouvoir, j'ai su que l'armée dont il était le chef avait en lui une confiance sans bornes; qu'il était vénéré de ses officiers et chéri de ses soldats. Comme me le disait, il y a quelques jours, un homme éminent qui a eu la haute main sur les affaires de l'Algérie, c'est un vrai capitaine de l'Empire, qui unit au courage, à l'intrépide résolution des généraux de cette époque, un bon sens pratique et un jugement admirable. Je ne sache pas que, depuis notre conquête, personne ait été plus dévoué à la cause algérienne que le maréchal Bugeaud, et je ne pense pas que dans les circonstances actuelles aucun autre puisse lui être plus utile.

Une des difficultés de la situation actuelle est la lutte provoquée en Algérie par les prétentions sans doute légitimes, mais, ce nous semble, prématurées et exagérées de la population civile. L'éclatant succès de nos premières batailles, la merveilleuse invasion de 1830, cette ville si redoutée conquise en quelques jours, cette immense étendue de côtes envahies par nos armes, ont ébloui les regards et trompé les esprits. Une victoire si rapide a fait croire à un triomphe complet, et il y a longtemps que cette illusion existe en France. Avant même que nos canons eussent éte braqués sur les remparts d'Alger, on s'imaginait que rien n'était plus aisé que de subjuguer et d'asservir les États barbaresques. Je lis dans un recueil de pièces historiques, imprimé vers le milieu du XVIIe siècle, un curieux rapport au roi sur l'entreprise d'Alger[1]. L'auteur anonyme de cette dissertation, après avoir énuméré les forces militaires qui

[1] *Recueil historique de diverses pièces du temps*, 2 vol. in-18. Cologne, 1654.

gardent la ville : neuf mille hommes, tout au plus, dont la moitié serait forcée de rester dans l'intérieur des remparts et ne pourrait s'opposer à notre débarquement, déclare qu'avec treize galères de France, cinq du pape, cinq de Malte, deux de Savoie, et quelques autres encore, nous nous emparerons sans peine de la capitale de la régence, et qu'une fois installés là, nous n'aurons qu'à nous montrer pour soumettre Bougie, Bone, Constantine. Puis, la conquête faite, il en énumère avec une pleine satisfaction les avantages. « Premièrement, dit-il, parce que le pays est très-bon, très-riche et très-peuplé ; le revenu duquel en vaudrait le triple entre nos mains qu'entre les mains des Turcs, attendu que la plupart des terres qui sont grandement fertiles demeurent infructueuses par la malice des corsaires turcs.

« Secondement j'oserai dire et assurer avec vérité que le roy pourra entretenir dans ladite coste vingt-cinq galères et douze gallions, par le seul droit qu'il peut imposer sur la sortie des bleds desdits pays, parce que ledit bled en toute saison ne vaut jamais qu'un escu la charge du droit de sortie, il se trouvera que ceux qui la voudront acheter y gagneront encore plus de cinquante pour cent.

« Les Arabes tiennent pour certain qu'il y a grande quantité de mines d'or et d'argent dans leurs montagnes qui joignent les costes du désert de Libye.

« Vous rendrez par cette conquête la chrestienté exempte des courses et pillages de ces barbares, qui, par les prises qu'ils font sur nous, ont rendu les villes d'Alger et Thunis les plus riches du monde. »

Beaucoup de gens me paraissent fort disposés à admettre cette facile espérance de soumission, tandis que d'autres jettent au seul nom d'Alger un cri de désespoir, et déclarent que la France se fatigue et s'épuise inutilement sur cette arène immense de l'Afrique dans une opiniâtreté fatale, en vue d'une possession impossible. La vérité, selon nous, n'est ni à l'un ni à l'autre de ces points extrêmes : elle est entre les deux.

Ceux qui regardent l'Algérie comme une région domptée, comme une espèce de table rase dégagée de tout obstacle, où il ne s'agit que de transplanter nos lois, nos institutions, de construire nos villages et d'aligner nos villes, en laissant seulement çà et là quelques piquets de soldats pour tenir les Arabes en respect ou pour parader sur les places publiques, ceux-là oublient trop promptement que naguère encore tout le Dahra était en feu; que l'impétueux Abd-el-Kader s'avançait comme un ouragan jusqu'aux portes d'Alger, que dans ces moments de crise, les plus belles institutions municipales auraient bien pu, avec toute leur sagesse, succomber au danger qui menaçait notre colonie, si elle n'avait été vaillamment soutenue par la force militaire, par cet affreux *régime du sabre*. Ils oublient ce que l'histoire nous montre à chaque page depuis des siècles, à savoir que, quelles que soient la puissance matérielle et la supériorité morale d'un peuple, ce n'est pas en quelques combats qu'il subjugue une race fière, courageuse, passionnée pour son indépendance comme la race arabe. Il est un fait si avéré que j'ose à peine le citer encore, c'est que les Arabes, vaincus par nos armes, effrayés par nos victoires, ne sont point subjugués, et que quiconque se fierait à leur soumission apparente courrait grand risque d'être douloureusement déçu. Pour les uns, cette soumission n'est que l'effet d'une prudence cauteleuse qui attend pour rentrer en campagne de meilleures circonstances ; pour d'autres, la résignation temporaire d'un fatalisme qui doit avoir son jour de triomphe. « Qu'est-il résulté, s'écrie l'auteur d'un des livres les plus instructifs qui aient été publiés sur l'Algérie [1], M. le colonel Walsin-Esterhazy, qu'est-il résulté de nos grands mots et de nos divers systèmes ? La haine de l'étranger, indépendamment de la haine religieuse, est-elle, après neuf ans d'occupation, moins forte, moins vivace au sein de ces populations ? Notre longanimité ou notre faiblesse, comme on voudra l'appeler, nous a-t-elle fait pardonner notre titre de chrétiens et nos timides prétentions à la conquête ? Le spectacle de nos turpitudes industrielles a-t-il amené à nous beaucoup d'indigènes ? La fusion dans la création de nos corps mélangés a-t-elle fait naître des sympathies ou des animosités ? Ces corps ont-ils été sérieusement autre chose qu'un piédestal pour quelques ambitions heureuses ? »

[1] *De la Domination turque dans l'ancienne régence d'Alger*,

Mais pourquoi invoquer le témoignage d'un de nos officiers à l'appui de notre démonstration ? Les Arabes eux-mêmes avouent qu'ils ne se plient à notre autorité que selon la force des circonstances. M. le maréchal Bugeaud interrogeait un jour un chef de tribu sur les dispositions des gens de sa communauté : « Veux-tu, lui répondit celui-ci, que je te dise ce qui te serait agréable, ou seulement la vérité. — Dis-moi la vérité? — Eh bien, vois-tu, l'Arabe est dans ce moment comme un âne qui étend le cou, et regarde au fond d'un puits. L'orifice est étroit, l'eau basse. Si elle montait, il boirait volontiers; si elle ne monte pas, vouloir y atteindre est dangereux. Quand tu remportes une victoire, c'est l'eau qui monte; le reste, tu le comprends. »

Quand Mohammed-Ben-Abdallah fut traduit devant le conseil de guerre d'Alger, on lui demanda pourquoi les tribus qui avaient secondé l'entreprise de Bou-Maza s'étaient montrées si hostiles à la France. « Qu'avaient-elles, lui dit-on, à reprocher aux Français? Des vols, des exactions, des injustices ? — Rien de tout cela, répondit-il. Les Arabes vous détestent parce que vous n'avez pas la même religion qu'eux, parce que vous êtes des étrangers, que vous venez vous emparer de leur pays aujourd'hui, et que demain vous leur demanderez leurs vierges et leurs enfants. Ils disaient à nos frères : Guidez-nous, recommençons la guerre. Chaque jour qui s'écoule consolide les chrétiens : finissons-en tout de suite. »

En attendant que ces continuelles velléités de révolte soient non pas anéanties, ce qui ne peut être le résultat de quelques années, mais suffisamment comprimées, en attendant que les Arabes s'habituent à ne plus se lever à la voix du premier d'entre eux à qui il plaît de se faire une légende de saint et d'arborer au milieu des tribus son étendard de marabout, nous regardons le gouvernement militaire comme une nécessité inévitable pour l'Algérie, comme le seul qui puisse maintenir l'ordre par son unité et inspirer par sa force une crainte salutaire à nos ennemis.

Quant à ceux qui, de chaque difficulté actuelle, se font un écueil infranchissable, et de chaque chiffre inscrit au budget des dépenses un fantôme terrible, il me semble aisé de leur répondre encore, l'histoire à la main, que la tâche que nous avons entreprise en Afrique n'est point de celles qui aboutissent en si peu de temps de la lutte au triomphe ; que dans les œuvres de cette nature les fruits de l'avenir mûrissent difficilement sur les germes du présent, et que les progrès que nous avons déjà faits nous sont un sûr garant de ceux que nous sommes en voie de faire et en droit d'espérer. Pour moi, monsieur, ce qui m'étonne dans le mouvement de notre colonie africaine, ce n'est pas qu'il soit encore si entravé, si coûteux à la France, et parfois si inquiété; c'est qu'après tant de fautes commises en tout genre, tant d'erreurs auxquelles nous avons été entraînés par notre ignorance ou par notre présomption, nous en soyons venus à obtenir dans l'espace de quinze années un succès que personne ne peut nier; c'est qu'on ait posé au milieu des agitations d'une guerre presque continuelle la base de tant d'établissements civils et religieux, qu'on ait assuré sur tant de points la sécurité publique et préparé tant d'œuvres fécondes et durables. Rappelons-nous par quels lents efforts, par quels combats perpétuels, les sociétés que nous comptons au nombre des sociétés les plus civilisées sont parvenues à se consolider sur le sol dont elles s'emparaient et à s'y développer. Rappelons-nous par quelles phases orageuses les colonies les plus florissantes ont passé avant d'atteindre à un état prospère. Je ne parle pas des colonies espagnoles, portugaises et américaines, qui n'avaient à combattre que des peuplades sauvages qu'une arquebuse terrifiait, et qui, à la détonation d'un coup de canon, se jetaient la face contre terre, croyant voir des êtres surhumains qui disposaient de la foudre. Les Arabes ne sont pas des sauvages, et il y a assez longtemps qu'ils sont aux prises avec l'Europe pour ne plus s'étonner du bruit de ses armes. Une bataille leur livra l'Espagne, et il fallut huit cents ans pour les en chasser. Un pays voisin du nôtre nous offre un remarquable exemple des diverses vicissitudes que peut éprouver une colonie placée cependant dans les conditions de fortune les plus favorables. En 1602, les Hollandais fondent leur établissement de Java. Ce n'était d'abord qu'un simple établissement de commerce qui ne possédait dans l'île lointaine que les terrains occupés par ses magasins, et s'enrichissait chaque année par de faciles échanges.

Plus tard, la Société devint, par un legs impérial, maîtresse du pays, et de cette possession souveraine naissent ses calamités. En 1673, ses bénéfices nets s'élevaient en une seule année à près de cent millions de francs; dans l'espace d'un demi-siècle les dépenses qu'elle fut obligée de faire pour l'entretien d'une armée et les appointements de ses fonctionnaires absorbèrent ses revenus, entamèrent ses capitaux. En 1791 elle était obérée de dettes. Son passif s'élevait à la somme de deux cent trente-huit millions. Des commissaires furent envoyés sur les lieux pour examiner l'état exact de ses affaires. Plusieurs gouverneurs essayèrent successivement plusieurs systèmes d'administration et de culture. Toutes ces tentatives, au lieu de remédier au mal, l'aggravèrent encore. En 1811, les Anglais s'emparent de l'île de Java, et la rendent trois ans après à la Hollande, avec un nouveau mode d'exploitation plus fatal que les précédents. Bientôt la colonie se trouva dans un tel état de décadence et de découragement, qu'il fut plus d'une fois question de l'abandonner. Un homme éclairé par une idée lumineuse, soutenu par une volonté persévérante, le général Vander-Boosch, l'arracha en 1830 à un désastre imminent; une nouvelle organisation la sauva d'une chute irrémédiable. Après une crise de plus d'un demi-siècle, des luttes de tout genre, des années de catastrophes et de désespoir, on a vu cette colonie se raviver et prospérer comme par enchantement. Elle a payé ses dettes et recommencé le cours régulier de ses bénéfices. Onéreuse pendant si longtemps à la mère patrie, elle est aujourd'hui sa plus riche, sa plus précieuse ressource.

Ne soyons donc pas si surpris de n'avoir pu faire en quinze ans, au milieu de diverses tribus courageuses, intrépides, enflammées par un fanatisme ardent, ce que le peuple hollandais, ce peuple si remarquable par la prudence et la fermeté de son caractère, n'a pu faire dans l'espace de deux siècles au sein d'une population indolente et inerte. N'ayons donc pas l'air si malheureux d'avoir à ajouter aux annales de la France la gloire d'une magnifique mission providentielle, mission d'ordre et de paix, dans des contrées qui jadis s'enrichissaient par le pillage et s'honoraient de leurs cruautés; mission de civilisation parmi des peuplades douées d'une vive intelligence, qu'il suffit d'éclairer et de guider; mission religieuse sur un sol que notre religion a arrosé du sang de nos martyrs. Si de la hauteur de ces idées morales nous redescendons au point de vue des idées positives, ne nous désolons pas de posséder en pleine Méditerranée, à deux journées de distance de Marseille, entre les forteresses anglaises de Malte et de Gibraltar, dans le voisinage de l'Espagne et de l'Italie, deux cent cinquante lieues de terrain, où nous pouvons créer une nouvelle France, faire naître les produits qui manquent à notre pays, déverser les œuvres de notre industrie, le surcroît de notre population, et correspondre par nos navires avec le monde entier.

II.

Voyez pourtant, monsieur, où conduit le mauvais exemple! Je m'étais proposé de ne point toucher à ces questions administratives de l'Algérie, et voilà que j'y vais tout droit, entraîné par le torrent d'articles de journaux, de brochures et de livres qui grossit chaque jour. Pardonnez-moi cette incartade. Je me hâte de quitter cette bruyante arène où l'on me traiterait comme un intrus, n'ayant nul caractère officiel qui m'autorise à y défendre ni les prétentions des colons, ni les plans du système militaire, ni les opinions de tel ou tel habile économiste, et je rentre dans mon humble rôle de narrateur.

Le gouverneur général occupe à Alger une de ces belles maisons mauresques dont vous connaissez la charmante structure. Rien de plus élégant, rien de mieux approprié à la nature du climat africain que ces édifices fermés extérieurement à la chaleur du jour, aux rumeurs de la foule, éclairés seulement par le haut. Rien de plus gracieux que ces galeries circulaires soutenues par des colonnes en marbre torse, ouvertes sur une cour pavée en porcelaine, décorées d'arabesques et dominées par une terrasse où le soir on respire, sous un ciel étoilé, les parfums des fleurs et les brises de la mer. Nous qui traitons encore les Arabes de barbares, nous avons montré que nous étions de vrais barbares en élevant à côté de ces riantes et délicieuses retraites nos grosses maisons de Paris, avec leurs trois ou quatre étages que rien ne garantit de l'ardeur de la température, et que le soleil chauffe comme des fournaises. Bien plus, nous avons porté la barbarie jusqu'à démolir quelques-uns de ces petits chefs-d'œuvre de l'architecture orientale, pour les remplacer par des hôtels qui ressemblent à d'immenses casernes. Mais le rez-de-chaussée de ces nouvelles constructions est occupé par un coiffeur ou une marchande de modes, le premier étage par un café et des billards, le second et le troisième par une demi-douzaine d'ateliers. Le tout se loue fort cher, et le propriétaire qui retire à la fin de l'année quinze ou vingt pour cent de son capital, s'applaudit de son heureuse idée, et, en contemplant cette vaste étuve qu'il appelle sa maison, parle comme un philosophe des progrès de la civilisation.

Des fêtes de famille animaient chaque jour le gracieux palais de M. le maréchal Bugeaud. Un cercle d'hommes distingués y entretenait une conversation variée et instructive. Depuis que nous sommes en possession de l'Afrique, il s'est formé là une école de fonctionnaires civils et de jeunes officiers qui ont pris à tâche d'étudier sérieusement, sous ses différents points de vue, la race arabe, de pénétrer dans la pratique de ses mœurs, de ses institutions, après avoir d'abord appris sa langue. Une partie de ces hommes remplissent dans les villes de province des fonctions de chefs de bureau des affaires arabes, et servent d'intermédiaire entre les commandants militaires et les cheiks de tribus. D'autres sont, en certaines circonstances, chargés de diverses missions administratives ou scientifiques. L'emploi qu'ils occupent, les voyages qu'ils ont entrepris, les observations qu'ils ont faites, ont déjà porté leurs fruits. Grâce à cette école, il s'est formé une littérature africaine qui ne repose plus sur de vagues notions, qui est entrée dans le domaine de l'histoire, de la géographie, de l'archéologie, et nous a donné sur plusieurs points des faits positifs et intéressants. Nous n'avions, il y a vingt ans, sur les diverses parties de l'Afrique septentrionale que des renseignements très-incomplets, sinon erronés. Les Pères de la Merci nous avaient seulement décrit, dans leurs naïves relations, les lieux où ils allaient exercer leur pieuse charité, Tunis, Alger et quelques villes du Maroc. Nulle idée de succès mondain ne portait ces tendres et courageux apôtres de l'Évangile à écrire un livre de voyage. Ils ne songeaient qu'à raconter simplement la mission qu'ils avaient remplie pour l'instruction de leurs frères et l'édification des fidèles. Shaw, en pénétrant plus avant et en essayant de tracer un tableau plus étendu, n'avait fait qu'effleurer plusieurs points et en avait laissé plusieurs autres dans une ombre obscure. Quant à Léon l'Africain que j'aurais dû, pour suivre l'ordre chronologique, placer en tête de cette série d'écrivains, vous savez, monsieur, que son livre n'est qu'un compendium sans développement. Je ne parle pas des rapports de quelques envoyés anglais ou français, et de quelques récits de voyages tels que celui de MM. Peysonel et Desfontaines, qui n'ont suivi que les grandes routes de l'Afrique et n'ont parlé que des choses les moins ignorées. Mais quelles notions avions-nous sur les tribus dispersées dans l'intérieur du pays, dans les chaînes de l'Atlas, et sur cette immense région désignée sous le nom de Sahara? N'était-ce pas pour nous une *terra incognita*, un autre Océan pareil à celui qui, dans les cartes du moyen-âge, avant les merveilleuses découvertes de Christophe Colomb, n'était marqué que par une main noire, la main du diable?

M. Carette nous a montré ce Sahara tel qu'il est, avec ses vertes oasis, ses tribus agricoles et industrieuses, ses caravanes régulières de marchands et de pèlerins[1]. M. le colonel Daumas nous a décrit la circonscription, la physionomie, le mouvement des différents villages et des différentes villes qui parsèment cet immense espace que nous étions accoutumés à nous représenter comme une région inculte, inhabitée et inhabitable[2]. Le même officier nous a expliqué dans tous ses détails l'organisation hiérarchique de la tribu arabe[3]. M. le capitaine Neveu a profité de son séjour dans la province de Constantine pour étudier et décrire l'origine et les tendances des corporations religieuses musulmanes, qui exercent une grande influence sur l'esprit de leurs sec-

[1] *Recherches sur la géographie et le commerce de l'Algérie méridionale*, 1 vol. in-4. Paris, 1844.

[2] *Le Sahara algérien*, 1 vol. in-8. Paris, 1845.

[3] *Exposé de l'état actuel de la société arabe, du gouvernement et de la législation qui la régit*, 1 vol. in-8. Alger, 1845.

tateurs, qui ont été les premiers mobiles de diverses révoltes, et qui en susciteront d'autres si l'on n'y prend garde. M. le capitaine Richard, chef des affaires arabes à Orléansville, vient de nous raconter la dramatique insurrection du Dahra, dont il a suivi de point en point toutes les péripéties[1]. Je dois citer encore plusieurs notices importantes de M. Berbrugger, le savant bibliothécaire d'Alger, et plusieurs ouvrages qui sans avoir un caractère de spécialité aussi marqué que ceux dont je viens de donner l'indication, dessinent nettement diverses nuances de la nation arabe et de notre position en Algérie. Tel est entre autres celui de M. le lieutenant général Létang, qui, en servant noblement son pays de son épée, a voulu le servir de sa plume[2]. Toutes ces œuvres sont encore un des fruits de notre conquête que nous sommes fiers de joindre aux richesses intellectuelles de l'Europe. Déjà l'Angleterre s'est émue de ces découvertes scientifiques; la presse d'Édimbourg les a signalées

[1] *Études sur l'insurrection du Dahra,* 1 vol. in-8. Alger, 1846.

[2] *Des moyens d'assurer la domination française en Algérie,* 2 vol. in-8. Paris, 1840.

avec une surprise louangeuse[1], et les docteurs d'Allemagne, ravis d'une si bonne fortune, travaillent patiemment à cribler de notes ces nouveaux textes.

Que de moments heureux j'ai passés à entendre ces explorateurs d'un monde inconnu parler avec cette simplicité inhérente au vrai savoir de tout ce qu'ils avaient appris dans leurs longues conversations avec les Arabes, ou de tout ce qu'ils avaient vu de leurs propres yeux!

> Si *Peau d'Ane* m'était conté,
> J'y prendrais un plaisir extrême.

Et l'immortel conte de *Peau d'Ane*, que les souvenirs de l'enfance protégent contre la froide raison de l'âge mûr, est-il plus séduisant que cette histoire d'un des rois du Sahara, du roi de Tougourt, qui habite un palais où l'on n'arrive qu'en franchissant sept portes gardées par des nègres, qui ne se montre au peuple que sur un cheval couvert d'une selle d'or, portant des anneaux d'or à ses oreilles, et des

[1] *Les tribus du Sahara*, trad. dans la *Revue britannique*, Novembre, 1845.

bracelets d'or aux pieds? Est-il plus étrange que le tableau de la vie vagabonde des Touaregs, qui ne vivent que d'un combat perpétuel, éperviers de la caravane, vautours du désert[1]?

III.

M. de Salvandy avait dans ces hommes instruits des guides excellents pour l'éclairer sur les diverses questions qu'il étudiait avec ardeur, et le diriger dans les excursions qu'il se faisait un noble devoir d'entreprendre. Une de ces excursions l'a conduit sous les frais berceaux de Blida et dans les plaines fécondes de Médéah. J'ai le regret de ne pouvoir rien vous dire de ce voyage poétique, et vous y perdez plusieurs phrases qui, par le fait même d'une description naturelle, auraient pu ressembler à celle dont l'accent harmonieux attendrissait madame de Staël jusqu'aux larmes : les orangers de Grenade et les citronniers des rois maures. Tandis que M. le ministre se mettait

[1] *Le Sahara algérien,* par M. le colonel Daumas, p. 323.

en route avec sa famille, escorté d'une troupe d'agiles cavaliers caracolant sur des chevaux superbes, moi, qui me suis tant extasié sur les charmes du climat d'Afrique, j'étais terrassé par ce climat ingrat, j'étais retenu dans mon lit par une crise fiévreuse.

Ah! monsieur, si jamais vous allez à Alger, que le ciel vous garde d'être pris par la fièvre dans un des fours, c'est-à-dire dans une des chambres d'un des hôtels de la Grande Place, au milieu d'une nuée de moustiques, au milieu du vacarme qui retentit à votre porte, sur l'escalier, sous vos fenêtres : tourbillon d'insectes insatiables, rumeurs de la rue, gens à pied et à cheval, omnibus et cabriolets, fifres et tambours; on dirait que tous les kobolds du Nord et tous les djins de l'Orient se sont réunis pour écarter le sommeil de vos yeux, et accompagner avec leur affreuse musique l'implacable Mahra, qui vous brise les membres. Que si vous vous imaginez qu'on va vous plaindre, c'est une grosse erreur. Le médecin que vous envoyez chercher vous tâte le pouls pour n'en pas perdre l'habitude, puis vous dit en souriant de l'air du monde le plus agréable : Une fièvre intermittente! Ce n'est rien. Buvez si vous avez soif, mangez si vous avez faim, et levez-vous dès que vous pourrez. Voilà. Puis il se met à parler des feuilletons de *l'Akbar* et des pièces que l'on doit jouer sur le nouveau théâtre. L'ami qui vient vous voir tire de sa poche une boîte de pilules de quinine, et vous prie gracieusement d'y puiser sans façon, en en prenant lui-même quelques-unes pour vous donner le bon exemple. La quinine est ici un des aliments de la vie journalière, et je dois rendre justice à son efficacité. Elle chasse assez lestement la fièvre; seulement, quand on s'est guéri de la maladie, il faut se guérir du remède. On n'a plus de frisson, il est vrai; mais la quinine vous enflamme les entrailles, vous trouble la vue, et dérange tellement le système auriculaire, qu'il semble qu'on ait trente-six mille sonnettes dans les oreilles. La plupart de ceux qui ont passé quelques années en Algérie ont pourtant subi bien des fois les tortures d'un mal qui anéantit les forces, et celles d'un remède souvent pire que le mal. Pour ne pas succomber à de telles souffrances, il faut être doté d'un robuste tempérament, et ceux qui y résistent en ressentent longtemps les effets.

IV.

Grâce à un régime énergique, un vrai régime de soldat, la fièvre a bien voulu me quitter au moment où M. de Salvandy, de retour de son voyage à Médéah, se préparait à faire celui d'Orléansville. J'ai pu m'embarquer avec lui, avec le maréchal et plusieurs officiers, pour qui cette excursion était à la fois une intéressante occasion d'étude et une promenade d'agrément. Le thermomètre ne marquait à midi que quarante degrés Réaumur. Qu'est-ce que quarante degrés pour des hommes qui font profession d'aspirer un air embrasé et de vivre fraternellement avec le simoun? Du matin au soir *le Panama* nous a conduits dans le port de Tenez. Les autorités de la ville n'avaient pas été prévenues de l'arrivée de tant de hauts fonctionnaires. Mais à la vue du *Panama*, en un clin d'œil tout le monde fut en mouvement; des centaines d'habitants étaient accourus sur la plage, devinant la visite qu'ils allaient recevoir. Sur la crête de la colline où s'élèvent les blanches maisons de Tenez, sur les ruines des anciennes constructions romaines, éparses çà et là, des groupes nombreux assistaient avec une respectueuse curiosité au débarquement des passagers de la frégate. C'était un beau et pittoresque spectacle, un de ces spectacles qui frappent les regards du peintre et éveillent dans l'esprit de l'observateur de graves réflexions. Cette jeune cité construite sur les débris des anciens temps, cette foule animée debout sur des ruines, c'était une des vives images du passé et du présent, d'une époque anéantie et d'une ère nouvelle, pleine de force et d'avenir.

Tenez est une des créations de M. le maréchal Bugeaud, une de ses œuvres favorites d'occupation militaire. A une demi-lieue de là est une autre ville du même nom, l'ancienne colonie romaine désignée sous le nom de *Cartenna colonia Augusti.* Jadis capitale d'un petit royaume, elle opposa une mâle résistance aux armes de Barberousse, fut vaincue et pillée. Depuis notre occupation, la peuplade indigène qui l'habite s'est humblement soumise à notre autorité. On lui a laissé ses lois, ses mosquées, ses imans et ses cadis, et on y a organisé une espèce de garde nationale indigène qui porte le sabre et le fusil, s'aligne à la française et paraît assez zélée dans son service.

Par son éloignement de la plage, cette ville ne pouvait être qu'un des jalons de nos plans de stratégie, un point de défense contre les tribus du Dahra, mais un point insuffisant. Elle est d'ailleurs construite sur un emplacement malsain. Il y a longtemps qne les Arabes répètent en parlant d'elle cette épigramme d'un de leurs poëtes : « Tenez est bâtie dans la pourriture. Son sol est infect, son eau est du sang, son air du poison. Certes, Hamet-ben-Usaph ne voudrait pas y demeurer. » La nouvelle ville, située au bord même de la côte, est destinée à relier la vallée du Chélif à la mer, Orléansville à Alger, à être notre port de commerce et notre port militaire sur cette partie de la côte. M. le maréchal l'appelle avec orgueil son *enfant de trois ans*, enfant herculéen, qui a déjà étouffé les vipères de la guerre dans son berceau, et qui pourra quelque jour porter la peau du lion. En 1844, on ne comptait dans cette bourgade naissante que quatre cent huit Français ; il y en a maintenant onze cent quarante, plus cent quatorze Anglo-Maltais, huit cents Espagnols et Portugais, deux cent trente Italiens, quarante Allemands, quatre-vingt-dix Suisses, dix-sept Belges, en tout deux mille quatre cent trente et un habitants. Des édifices imposants décorent déjà la jeune cité. Des rues s'étendent de côté et d'autre, inachevées encore, mais tracées avec art, bordées de trottoirs et de maisons habilement construites. Des enclos de verdure, des jardins remplis de frais arbustes, s'étendent sur un sol qui naguère n'était qu'une plage de sable sèche et aride. Il va sans dire que le pinceau du peintre et le rabot du menuisier ont déjà été employés là à représenter les insignes de l'industrie. Jadis c'était l'église qui formait le premier noyau d'une communauté. Autour du clocher, les bûcherons équarrissaient les poutres de chêne et de sapin, les paysans élevaient leurs rustiques habitations. Le prêtre était le guide et le soutien de cette population d'ouvriers, et l'église leur refuge, leur espoir. Maintenant on se réunit autour de la boutique et du café. Les pièces de calicot de Mulhouse, les foulards de Lyon, attirent à chaque pas les regards dans les différents quartiers de Tenez ; à chaque pas on aperçoit des enseignes de cafés et de cabarets copiées sur celles de Paris : café *des Variétés,* café *d'Apollon.* Les plus chétifs sont ceux qui prennent le titre le plus pompeux, et un jardin dont le propriétaire a la prétention de lutter contre l'ardeur de la température et de fabriquer des glaces, porte le nom de Jardin de Tivoli.

A l'une des extrémités de la ville est un réservoir magnifique qui toute l'année alimente les habitants d'une eau salubre; à l'autre, un bâtiment non moins nécessaire, hélas! que le réservoir, un hôpital, l'un des plus beaux, il est vrai, que j'aie jamais vus. Ses fenêtres s'ouvrent d'un côté sur la mer, de l'autre sur les collines du Dahra. Ses salles sont larges, parfaitement aérées, entretenues avec un soin exemplaire, sa pharmacie est pourvue de tous les médicaments nécessaires; et il en faut une bonne quantité, car cette maison de malades ne désemplit guère. Lorsque nous l'avons visitée, de deux cent cinquante lits qu'elle renferme, deux cent dix étaient occupés par de pauvres soldats couverts de blessures ou épuisés par la fièvre, qui levaient vers nous des regard[illegible]ssants, essayaient de sourire au

BIBLIOTHEQUE ROYALE

ministre qui s'approchait d'eux avec bonté, au maréchal qui leur adressait quelques paroles d'encouragement, et se demandaient peut-être, en nous voyant passer, quand ils reverraient cette France aimée d'où nous venions et où nous allions retourner bientôt. Ah! c'est là ce qui fait mal dans l'éclat de notre nouveau royaume; c'est là l'ombre sinistre de notre gloire, le ver rongeur des fruits de notre conquête. Lorsqu'on interroge sur le sort de nos soldats les officiers qui ont passé quelques années en Afrique et pris part à quelques expéditions, on entend des récits qui font frémir. Ici, la guerre, si cruelle, si acharnée qu'elle soit, n'est pas le plus redoutable des fléaux : c'est l'action des éléments, qui semblent conjurés avec les Arabes et déciment plus de bataillons que la lance des Bedouins ou le *flissa* des Kabyles; c'est la fatale influence d'un climat qui aux rigueurs des tropiques unit celles des régions boréales. Dans plusieurs campagnes, des soldats, en traversant les chaînes de l'Atlas, ont eu les pieds gelés, et en rentrant dans la plaine ont senti le feu de la fièvre courir dans leurs veines. Dans le cours d'une même expédition, des hommes sont morts de froid sur cette terre d'Afrique; et quelques semaines après, d'autres, chose affreuse à dire! d'autres, frappés d'un coup de soleil, se brûlaient la cervelle devant leurs camarades. D'utiles précautions ont déjà été prises pour prévenir ou diminuer de tels périls. Des mesures d'hygiène, dictées par l'expérience, ont été enseignées aux colons, prescrites dans les casernes, mises en pratique dans les campements. A-t-on fait dans un but si désirable tout ce qu'il était possible de faire? Franchement, je n'ose le croire. Je n'entends rien aux exigences du service militaire, et cours risque de paraître bien présomptueux en abordant cette question. Mais n'y a-t-il donc aucun moyen d'alléger le fardeau de nos troupes quand elles entreprennent des marches que la nature du terrain rend déjà si pénibles? et s'il faut que chaque soldat porte lui-même ses vivres pour plusieurs jours, ne pourrait-on au moins lui donner un costume mieux approprié au climat, qui est son plus dangereux ennemi? Pense-t-on que sa force consiste dans son vêtement européen, comme celle de Samson dans sa chevelure? et n'y a-t-il personne qui songe à le délivrer de cette redingote serrée sur les flancs, boutonnée jusqu'au menton, et surtout de ce képi, qui est bien la plus absurde coiffure qu'on ait pu introduire en Afrique, car elle ne garantit la tête ni du vent, ni de la pluie, ni du froid, ni de la chaleur? J'ai vu les régiments turcs faire une très-triste figure avec leurs pantalons à sous-pieds, leurs buffleteries, leurs shakos européens; et les régiments de Méhémet-Ali parader fort lestement sur la place du Caire, avec leurs pantalons à larges plis, leurs vestes en toile et leurs *tarbouch.* Ne pourrions-nous prendre une utile leçon en un lieu et en l'autre?

Permettez-moi, monsieur, de ne point chercher de transition pour passer d'une réflexion matérielle à une réflexion d'un ordre plus élevé, à une idée religieuse. J'ai regretté de ne pas voir près de ces soldats condamnés à tant de souffrances, au sein de ces hôpitaux où ils languissent dans les regrets du passé et les tristes prévisions de l'avenir, les médecins de l'âme, non moins désirables que ceux du corps, les prêtres, dont les tendres exhortations relèvent le courage abattu et consolent les cœurs affligés. La révolution de Juillet a, dans une de ses brusques réactions, supprimé les aumôniers de vaisseaux et de régiments. C'est une de ses erreurs. Qui de nous, voguant loin du sol natal, loin de tout port et de tout refuge, sous un ciel brumeux, sur une mer orageuse, ne s'est rappelé ces magnifiques pages où M. de Chateaubriand décrit la prière du soir à bord d'un bâtiment? Qui de nous n'a été plus d'une fois dans sa vie témoin de l'heureuse influence que les aumôniers exerçaient dans les villes de garnison, dans les casernes? J'en sais un qui, pendant dix ans, a plus que toutes les règles de discipline militaire contribué à maintenir le bon ordre dans un régiment de dragons[1]. Il était l'ami, le soutien de ses soldats; le confident de leurs joies et de leurs douleurs. C'était à lui qu'ils apportaient le fruit de leurs économies, les quelques écus qu'une pauvre mère leur avait glissés dans la main en leur disant adieu. Il administrait leur petit trésor avec une indulgente bonté; leur en remettait une partie en apprenant leurs besoins, et en les engageant paternellement à ne pas en faire un mauvais

[1] M. Foblant, premier vicaire de Saint-Médard.

usage. Si l'un d'eux commettait une faute, c'était le prêtre qui lui faisait sentir par de douces remontrances le tort qu'il avait eu, et l'encourageait par ses exhortations à subir patiemment la punition qu'il avait méritée. Si un autre tombait malade, c'était le prêtre qui venait s'asseoir comme un frère à son chevet, qui, jusqu'au dernier moment, le soutenait dans ses douleurs, recevait ses derniers vœux, et se chargeait encore de consoler ses parents. Le prêtre remplaçait près du mourant la famille absente, et rassurait la tendresse d'une mère alarmée. Tandis que l'officier cherchait à faire du jeune conscrit soumis à ses ordres un bon serviteur de l'État, le prêtre s'appliquait à en faire un homme fidèle aux meilleures affections, au sentiment de morale, aux devoirs du chrétien. Quand celui que j'ai connu fut enlevé à son régiment, son départ affligea tous ceux qui avaient vécu si longtemps avec lui, et lui-même, dans les charitables fonctions qu'il remplit à présent à Paris, ne parle qu'avec un profond regret de ses soldats, qu'il appelait ses enfants.

Nulle part la présence du prêtre ne serait plus utile qu'au milieu de nos troupes d'Afrique ; car nulle part nos soldats ne sont astreints à une existence si pénible, soumis à tant de tristesses, exposés à tant de catastrophes. La présence même des prêtres nous serait utile au point de vue politique pour corriger l'opinion des Arabes, qui, dans leurs ardentes croyances, s'étonnent de voir parmi nous si peu de cérémonies religieuses, et nous reprochent de n'avoir pas de religion. N'oublions pas d'ailleurs que, partout où les prêtres se sont trouvés sur une terre neuve qui méritait de fixer leur attention, ils ont su employer au profit de la science et des lettres les loisirs que leur laissait leur travail évangélique. Les meilleurs renseignements que nous ayons encore sur les contrées les plus lointaines, les plus inexplorées du globe nous viennent des missionnaires. En 1830, un aumônier, M. Dopigez, accompagnait notre expédition ; un vicaire général d'Alger, M. Suchet, a visité les diverses parties de notre conquête, et nous devons à ces deux prêtres quelques-unes des pages les plus intéressantes qui aient été écrites sur l'Algérie.

Je dois rendre cette justice à M. le maréchal Bugeaud qu'il a constamment protégé en Algérie les œuvres de la religion. J'ai déjà dit le secours qu'il avait prêté aux Trappistes de Staoueli, et chaque fois que les prêtres sont venus réclamer ses bons offices, ils n'ont eu qu'à se louer de sa bienveillance à les entendre, de son empressement à les servir. Dans le cours de son voyage, M. de Salvandy a visité aussi avec une vive sympathie nos divers établissements religieux, et il en est plusieurs qui ont déjà éprouvé les heureux effets de l'intérêt qu'ils lui avaient inspiré.

N'êtes-vous pas las, monsieur, de me voir abandonner à chaque instant la droite ligne de mon itinéraire pour courir de sentier en sentier, de digression en digression? Mais à moins d'être un de ces lecteurs féroces qui n'acceptent que des récits d'une précision mathématique, il faut bien que vous vous résigniez à me faire quelques concessions. Où seraient les joies du voyage si l'on n'avait la liberté de s'arrêter çà et là, selon les lieux et les occasions, tantôt à l'attrait d'un souvenir, tantôt à celui d'une nouvelle pensée? Il est temps cependant que je revienne à notre marche dans les montagnes, et j'y reviens.

V.

Nous avons quitté Tenez dans une bonne et large voiture dont M. le maréchal et M. de Salvandy occupaient, avec deux officiers, l'intérieur, et dont M. le général Iussouf et moi nous occupions le siége. J'avais là un aimable et intéressant compagnon de voyage qui, avec un énorme chapeau de paille orné de tresses en laine rouge, bravait en riant l'ardeur du soleil, et dont la gaieté inaltérable et les récits épiques m'ont fait passer d'heureux jours. Tout le monde connaît l'étonnante histoire de cet officier intrépide, ses amours romanesques avec la fille du bey de Tunis, ses tentatives d'évasion aventureuses, sa condamnation, sa grâce obtenue par une victoire incroyable, puis sa fuite audacieuse, et les actes de courage par lesquels il a gagné ses grades dans notre armée, et, pour couronner le tout, son baptême catholique et son mariage dans l'église de la Madeleine. Dans son livre sur l'Afrique, M. le prince Puckler Muskau a raconté tous les incidents et les vicissitudes de cette destinée si dramatique. Nos romanciers n'ont encore rien inventé de plus étrange. On dirait un des merveilleux romans de chevalerie du moyen âge, ou un des contes orientaux du cycle d'Antar. Cet homme, dont les premiers hochets furent des yatagans et les premiers jeux des combats, qui, dès son enfance, n'obéissait qu'à la fougue de ses passions, et qui un jour apportait, comme une galante offrande à sa maîtresse, la langue et les oreilles d'un Grec insolent qui avait mal parlé d'elle, cet homme est aujourd'hui un excellent officier et un excellent époux. L'action de la civilisation, du service militaire, du christianisme, les liens de famille et de cité française ont maîtrisé, assoupli son caractère impétueux. Il n'a conservé de sa nature première qu'une ardeur de pensée qui éclate dans le rayon scintillant de ses grands yeux noirs, dans l'expression de sa mâle physionomie, dans sa vive parole, et qui le fait sourire à la perspective d'une expédition périlleuse, d'une bataille sanglante.

La présence d'un tel personnage ajoutait pour moi un singulier charme au plaisir que j'éprouvais à voir les sites pittoresques qui entourent notre petite ville de Tenez.

Ceux qui connaissent les cantons les plus renommés de la Suisse peuvent seuls se faire une idée de la magnifique beauté d'une partie du chemin qui rejoint à présent le littoral de Tenez à Orléansville, de ce passage *des roches* taillé dans le flanc d'une montagne escarpée, serpentant au-dessus de l'abîme, et si large et si sûr qu'on y lance les chevaux de sa voiture au galop, et qu'on regarde sans crainte les pics des rocs sur sa tête, le précipice à ses pieds. Que d'argent il eût fallu dépenser dans un autre pays pour séparer de telles masses, pour ouvrir une telle route! Ici tout a été fait à peu de frais par des compagnies disciplinaires que le labeur même moralise, par des soldats qui, au retour d'une campagne, déposent le fusil pour prendre la pelle et le hoyau. Les Romains nous avaient donné l'exemple de ces travaux de construction entrepris par des cohortes guerrières; mais, nous pouvons le dire avec un juste orgueil, nous avons dépassé les Romains. L'œuvre de nos compagnies algériennes efface celle des légions du Rhin et celle des soldats de Trajan qui creusèrent un chemin le long du Danube.

Au delà d'un élégant pont en bois qui traverse l'Oued-Alallah, on s'arrête dans un établissement tout récent encore, mais que nous croyons appelé à une rare fortune. Nous voulons parler de la maison des mines, désignée sous le nom de Mines du Camp des Roches. Au bord de la baie de Kaafiord, à l'extrémité de la Norvége, sur les confins de la Laponie, il n'existait, il y a vingt ans, qu'une misérable hutte de pêcheur; on y trouve aujourd'hui de vastes et riches magasins, des maisons splendides, une église et douze cents habitants. Un morceau de minerai trouvé par hasard sur la plage a révélé les richesses enfermées dans les montagnes qui environnent cette baie. Des ingénieurs sont venus les fouiller; des ouvriers en creusant le sol sous leur direction en ont tiré un minerai de cuivre abondant. Le minerai du Camp des Roches n'est ni moins pur, ni moins abondant. Dans quelques années, l'humble maison qui est là aura peut-être disparu sous un amas d'ateliers et de vastes édifices.

Bientôt nous quittons à regret ces sites grandioses, ces crêtes de montagnes qui semblent regarder avec surprise la race téméraire qui a osé attenter à leur majestueuse immobilité, sonder leurs flancs, construire un chemin sur leurs abîmes. Nous entrons dans une région aride, monotone, où rien ne récrée plus le regard, où nulle ombre ne garantit les voyageurs d'un foyer de lumière qui brûle les paupières et dessèche les poumons. De tous côtés des collines de sable qui semblent fondre au soleil; çà et là seulement quelques groupes épars d'oliviers sauvages dont la sombre verdure n'ajoute qu'une tristesse de plus à l'aspect de ce sol aride; de distance en distance quelques douars arabes, quelques tentes dont les toiles noires, tissées avec du poil de chèvre et des feuilles de lentisque, s'élèvent comme des nuages au bord des ravins; sur le sable étincelant et le long de notre route une double rangée de lauriers-roses qui, sous leurs frais rameaux, sous leurs bouquets de fleurs, cachent le lit d'un torrent épuisé. Je comparais ces belles fleurs de pourpre, épanouies sur une terre si inculte et si désolée, aux riantes pensées d'espoir et d'affection qui éclosent encore dans un cœur flétri par la douleur et desséché par la déception. Si ce symbolisme vous paraît un peu prétentieux, excusez-le en raison de sa brièveté. Je vous fais grâce des développements.

Après avoir cheminé quelques heures lentement, péniblement à travers ces collines silencieuses, où six forts chevaux, aiguillonnés, fouettés par deux soldats du train, pouvaient à peine traîner notre voiture, nous avons vu apparaître une troupe d'Arabes, qui, en caracolant, s'approchaient du ministre et du maréchal pour leur baiser humblement la main, puis repartaient au galop en faisant retentir l'air de leurs coups de fusil.

Ah! quel charmant spectacle à voir que celui d'une de ces pacifiques cavalcades désignées par les Arabes eux-mêmes sous le nom poétique de *fantasia!* quelle rapidité de mouvements! quelle grâce et quelle prestesse dans toutes ces évolutions! Quand une troupe de cavaliers s'élance ainsi à la rencontre d'un chef, au milieu d'un tourbillon de poussière, avec ses burnous flottants et ses armes étincelantes, on dirait une trombe orageuse qui doit tout renverser, tout écraser sur son passage. Puis les voilà qui s'arrêtent soudain aux pieds de celui à qui ils adressent leur salut guerrier, déchargent leurs coups de fusil en poussant de joyeuses clameurs, puis reprennent leur vol comme une nuée d'oiseaux effarouchés, rechargent leurs carabines et reviennent avec les mêmes cris et la même impétuosité. Assis sur sa selle aussi sûrement que nous pourrions l'être sur un bon fauteuil, les pieds appuyés sur de larges étriers, les genoux élevés à la hauteur de la croupe du cheval, l'Arabe gouverne ce cheval avec une aisance, avec un pouvoir admirable. Il l'excite, il le calme, il le fait bondir et caracoler, tantôt lui donne les douces allures d'un palefroi de jeune fille, et tantôt la furieuse ardeur d'un coursier sauvage, du coursier indompté qui emportait Mazeppa dans les déserts de l'Ukraine. L'Arabe et le cheval sont tellement liés l'un à l'autre qu'ils semblent n'avoir qu'une même volonté, et ne former qu'un même corps. C'est la réalisation vivante des fables grecques. C'est le centaure des temps modernes. Aussi comme il est aimé et chanté ce fidèle compagnon du guerrier nomade. Depuis la Bible jusqu'au Coran, depuis l'épopée d'Antar jusqu'aux *Cacydehs* de l'Égypte, que de strophes pompeuses ont été employées à décrire sa beauté, son courage, ses nobles qualités. Maintenant encore, il est dans toutes les tribus l'objet d'une tendre sollicitude, l'orgueil de la famille, le trésor du soldat. M. le colonel Daumas a recueilli sur tout ce qui se rapporte à l'éducation du cheval dans les régions de l'Algérie et notamment au Sahara, des traditions, des chants populaires dont il a bien voulu nous communiquer un fragment. Permettez-moi, monsieur, de vous le citer; il est tellement caractéristique que j'ose croire qu'il ne vous paraîtra pas trop long.

« L'amour du cheval, dit-il, est passé dans le sang arabe, si j'ose m'exprimer ainsi; ce noble animal est le compagnon d'armes et l'ami du chef de la tente, c'est un des serviteurs de la famille; on étudie ses mœurs, ses besoins, on le chante dans des chansons, on l'exalte dans les causeries. Chaque jour, dans ces réunions en dehors du douar, où le privilége de la parole est au plus âgé seul, et qui se distinguent par la décence des auditeurs, assis en cercle sur le sable ou sur le gazon, les jeunes gens ajoutent à leurs connaissances pratiques les conseils et les traditions des anciens. La religion, la guerre, la chasse, l'amour et les chevaux, sujets inépuisables d'observations, font de ces causeries en plein air de véritables écoles où se forment les guerriers, et où ils se développent l'intelligence en recueillant une foule de faits, de préceptes, de proverbes et de sentences, dont ils ne trouveront que trop l'application dans le cours de la vie pleine de périls qu'ils ont à mener. C'est là qu'ils acquièrent cette expérience hippique que l'on est étonné de trouver chez le dernier cavalier d'une tribu du désert. Il ne sait ni lire, ni écrire, et pourtant chaque phrase de sa conversation s'appuiera sur l'autorité des savants commentateurs du Koran ou du prophète lui-même. Notre seigneur *Mohamed* a dit : *Sidi-Ahmed-ben-Youssef* a ajouté : *Siben-Dyâb* a raconté :... Et croyez-le sur parole, ce savant ignorant ; car tous ses textes, toutes ses anecdotes, qu'on ne trouve le plus souvent que dans les livres, il les tient, lui, des *tholbas* ou de ses chefs qui s'entendent ainsi, sans le savoir, pour développer ou maintenir chez le peuple, l'amour du cheval, les préceptes utiles, les saines doctrines ou les meilleures règles hygiéniques. Le tout est bien quelquefois entaché de préjugés grossiers, de superstitions ridicules, c'est une ombre au tableau. Soyons indulgents; il n'y a pas si longtemps qu'en France on proclamait à peu près les mêmes absurdités comme vérités incontestables.

« Je causais un jour avec un marabout de la tribu des Oulad-Sidi-Cheikh, des chevaux de son pays; et, comme j'affectais de révoquer en doute les opinions qu'il avait émises: « Vous ne pouvez comprendre cela, vous autres chrétiens, me dit-il en se levant brusquement. Les chevaux sont nos richesses, nos joies, notre vie, notre religion. Le prophète n'a-t-il pas dit:

« Les biens de ce monde, jusqu'au jour du jugement dernier, seront pendus aux crins qui sont entre les yeux de nos chevaux. »

« J'ai lu le Koran, lui répondis-je, et je n'y ai point trouvé cela.

« — Vous ne le trouverez pas dans le Koran qui est la parole de Dieu, mais bien dans les conversations de notre seigneur Mohamed (*Hadite sidna Mohamed*).

« — Et vous y croyez? repris-je.

« — Avant de vous quitter je veux vous faire voir ce qui peut arriver à ceux qui croient; »

et mon interlocuteur me raconta gravement l'histoire suivante :

« Un homme pauvre, confiant dans les paroles du prophète que je viens de vous citer, trouva un jour une jument morte ; il lui coupa la tête et l'enterra sous le seuil de sa porte, en disant : Je deviendrai riche s'il plaît à Dieu (*Inchallah*). Cependant les jours se suivaient et les richesses n'arrivaient pas ; mais le croyant ne douta point. Le sultan de son pays étant sorti pour visiter un lieu saint, vint à passer par hasard devant la modeste demeure du pauvre Arabe ; elle était située à l'extrémité d'une petite plaine, bordée de grands arbres et fécondée par un joli ruisseau. Le lieu lui plut ; il fit faire halte à sa brillante escorte, et mit pied à terre pour se reposer à l'ombre. Au moment où il allait donner le signal du départ, son cheval, qu'un esclave était chargé de surveiller, impatient de dévorer l'espace, se mit à hennir d'abord, à piaffer ensuite, et fit si bien enfin qu'il s'échappa. Tous les efforts des *saïs* pour le rattraper furent longtemps inutiles, et l'on commençait à en désespérer quand on le vit tout à coup s'arrêter de lui-même sur le seuil d'une vieille masure qu'il flairait en le fouillant du pied. Un Arabe, jusque-là spectateur impassible, s'en approcha alors sans l'effrayer, comme s'il en eût été connu, le caressa de la voix et de la main, le saisit par la crinière, car sa bride était en mille pièces, et, sans difficulté aucune, le ramena docile au sultan étonné.

« — Comment donc as-tu fait, lui demanda Sa Grandeur, pour dompter ainsi l'un des plus fougueux animaux de l'Arabie? — Vous n'en serez plus surpris, seigneur, répondit le croyant, quand vous saurez qu'ayant appris que tous les biens de ce monde, jusqu'au jour du jugement, seront pendus aux crins qui sont entre les yeux de nos chevaux, j'avais enterré sous le seuil de ma maison la tête d'une jument que j'avais trouvée morte. Le reste s'est fait par la bénédiction de Dieu.

« Le sultan fit à l'instant creuser dans l'endroit désigné, et quand il eut ainsi vérifié les assertions de l'Arabe, il s'empressa de récompenser celui qui n'avait pas craint d'ajouter une foi entière aux paroles du prophète. Le pauvre reçut en présent un beau cheval, des vêtements superbes et des richesses qui le mirent à l'abri du besoin jusqu'à la fin de ses jours. »

« Vous savez maintenant, ajouta le marabout, ce qui peut arriver à ceux qui croient; » et puis, sans attendre ma réponse, il me salua des yeux, à la manière des Arabes, et sortit.

« Cette légende est populaire dans le Sahara, et les paroles du prophète, sur lesquelles elle est fondée, sont un article de foi. Que le prophète les ait dites ou non, elles n'atteignent pas moins sûrement le but que s'est proposé leur auteur. Le peuple arabe aime les honneurs, le pouvoir, les richesses; lui dire que tout cela tient aux crins de son cheval, c'était le lui rendre cher, le lier à lui par l'attrait de l'intérêt personnel. Le génie du prophète allait plus loin encore sans aucun doute. Il avait compris que la mission de conquête qu'il a léguée à son peuple ne pouvait s'accomplir que par de hardis cavaliers, et qu'il fallait développer chez eux l'amour pour les chevaux, en même temps que la foi dans l'islamisme.

« Ces prescriptions, qui toutes tendent vers un même but, revêtent toutes les formes, le marabout et le thaleb les ont réunies en sentences et légendes, le noble (*djïeud*) en traditions, et enfin l'homme du peuple en dictons et proverbes. Plus tard, proverbes, traditions et légendes ont pris un caractère religieux qui les a pour jamais accrédités dans la grande famille des musulmans.

« Quand Dieu a voulu créer la jument, proclament les *doulâmas,* il a dit au vent : « Je ferai naître de toi un être qui portera mes adorateurs, qui sera chéri par tous mes esclaves, et qui *fera le désespoir de tous ceux qui ne suivent pas mes lois;* » et il créa la jument en s'écriant :

« Je t'ai créée sans pareille, les biens de ce monde seront placés entre tes yeux, *tu ruineras mes ennemis;* partout je te rendrai heureuse et préférée sur tous les autres animaux, car la tendresse sera partout dans le cœur de ton maître. Bonne pour la charge comme pour la retraite, tu voleras sans ailes, et je ne placerai sur ton dos que des *hommes qui me connaîtront,* m'adresseront des prières, des actions de grâces, *des hommes enfin qui m'adoreront!* »

« La pensée intime du prophète se dévoile ici tout entière; il veut que son peuple seul, à l'exclusion des infidèles, se réserve les chevaux arabes, ces puissants instruments de guerre qui, dans les mains des chrétiens, pourraient être si funestes à la religion musulmane.

« Cette pensée, que le bas peuple de la tente n'a pas vue peut-être sous le voile symbolique dont elle est revêtue, n'a point échappé aux chefs arabes. L'ex-émir Abd-el-Kader, au plus fort de sa puissance, punissait impitoyablement de mort tout individu convaincu d'avoir vendu un cheval aux chrétiens; dans le Maroc on frappe l'exportation des chevaux de droits tels, que cette liberté d'exportation devient à peu près illusoire; à Tunis, on ne cède qu'à regret à des nécessités impérieuses de politique; il en est de même à Tripoli, en Égypte, à Constantinople, dans tous les États musulmans.

« Parlez-vous de chevaux avec un djïeud, ce noble de la tente, tout fier encore de ses ancêtres qui ont combattu les nôtres en Palestine, il vous dira :

Rekoub el ferase,
Ou telong el merase,
Yeguelaâ edoude men erase.

Le montement des chevaux,
Et le lâchement des lévriers,
Vous ôtent les vers d'une tête.

« En causez-vous avec l'un de ces vieux cavaliers (*mekazeni*), dont la figure bronzée, et les exostoses prononcées de ses tibias annoncent qu'il a vu bien des aventures, il s'écriera:

El kheï lel bela
El ybel lel khela
Ou el begueur
Lel fekeur.

Les chevaux pour la dispute,
Les chameaux pour le désert,
Et les bœufs
Pour la pauvreté.

« Ou bien il vous rappellera que lorsque le prophète faisait des expéditions, pour engager les Arabes à soigner leurs chevaux il donnait toujours deux parts de prise à celui qui l'avait accompagné bien monté.

« Le voluptueux Thaleb, homme de Dieu pour le monde qui vit dans la paresse contemplative, sans autres soins que ceux de sa toilette, sans autre travail que celui d'écrire des talismans et de faire des amulettes pour tous et pour toutes, vous dira les yeux baissés:

Djennet el ard à la dohor el khreïl,
Ala Montalat el-Ketoube

« Le paradis de la terre se trouve sur le dos des chevaux. »

« Que si vous interrogez l'un de ces vieux patriarches arabes (*chikh*) renommés pour leur sagesse, leur expérience et leur hospitalité, il vous répondra :

« Sidi-Aomar, le compagnon du prophète, a dit : Aimez les chevaux, soignez-les, ils méritent toute votre tendresse ; traitez-les comme vos enfants, et nourrissez-les comme des amis de la famille ; vêtissez-les avec soin ! Pour l'amour de Dieu, ne vous négligez pas, car vous vous en repentiriez *dans cette maison et dans l'autre.* »

« Avez-vous enfin le bonheur de rencontrer sur votre route l'un de ces trouvères errants (*medahh, fessehh*) qui passent leur vie à voyager de tribu en tribu pour amuser les nombreux loisirs de nos guerriers pasteurs, aidé d'un joueur de flûte (*kuesob*), et s'accompagnant du tambourin (*bendaïr*), d'une voix sourde, mais non sans harmonie, il vous chantera :

« Mon cheval est le seigneur des chevaux ! Il est bleu comme le pigeon sous l'ombre, et ses crins noirs sont ondoyants. Il peut la soif, il peut la faim, il devance le coup d'œil, et véritable buveur d'air, il noircit le cœur de nos ennemis. Aux jours où les fusils se touchent, Mebrouk est l'orgueil du pays!

« Mon oncle a des juments de race dont les aïeux lointains se comptent dans nos tribus depuis les temps anciens, modestes et timides comme les filles du Guebla, on dirait des gazelles qui paissent dans les vallées, sous les yeux de leurs mères. Les voir, c'est oublier les auteurs de ses jours!

« Couvertes de djellale qui font pâlir nos fleurs, elles marchent en sultanes parées pour leurs plaisirs. Un nègre de Kora les soigne, leur donne de l'orge pure, les abreuve de laitage et les conduit au bain. Dieu les préserve du mauvais œil!

« Pour ses juments chéries, mon oncle m'a demandé Mebrouk en mariage, et j'ai refusé mon oncle. Mebrouk, c'est mon appui, je veux le conserver fier, plein de santé, adroit et léger dans sa course. Le temps tourne sur lui-même et revient : sans dispute aujourd'hui, demain peut-être verrons-nous s'avancer à grands pas l'heure de l'entêtement.

« Pour une outre pleine de sang, me répondit mon oncle, tu m'as jauni la figure devant tous mes enfants. La terre est vaste, adieu.

« Mebrouk, pourquoi hennir ainsi, pendant le jour, pendant la nuit? Tu dénonces mes embuscades et préviens mes ennemis. Tu penses trop aux filles de nos chevaux. Je te marierai, ô mon fils!

« Mais où chercher les tribus, dont les juments sont si belles et les chamelles des trésors? Leurs nouvelles sont enterrées. Où sont leurs vastes tentes qui plaisaient tant à l'œil? On y trouvait le tapis et la natte, on y donnait l'hospitalité de Dieu, et le pauvre y rassasiait son ventre. Elles sont parties! Les éclaireurs ont vu les mamelons, les braves ont marché les premiers, les bergers ont fait suivre les troupeaux, et les chasseurs, sur les traces de leurs lévriers si fins, ont couru sur la gazelle.

« Avez-vous entendu parler de la tribu de mon frère? Non, eh bien, venez avec moi compter ses nombreux chevaux; il est des couleurs qui vous plairont. Voyez ces chevaux blancs comme la neige qui tombe en sa saison; ces chevaux noirs comme l'esclave ravi dans le Soudan; ces chevaux verts comme le roseau qui croît au bord des fleuves; ces chevaux rouges comme le sang premier jet d'une blessure, et ces chevaux bleus comme le pigeon sauvage quand il vole sous les cieux. Où sont ces longs fusils si droits, plus prompts que le clignement de l'œil; cette poudre de Tunis, et ces balles fabriquées dans des moules, qui traversaient les os, déchiraient le foie et faisaient mourir la bouche ouverte?

« Quand je cesse de chanter, mon cœur m'y porte encore, car il brûle pour mes frères d'une ardeur qui me dévore. Nulle part je n'ai vu de pareils guerriers! O mon Dieu! rendez aveugles ceux qui pourraient leur porter envie! N'ont-ils pas de vastes tentes bien pourvues de tapis, de nattes, de coussins, de selles et d'armes riches? Le voyageur et l'orphelin n'y sont-ils pas toujours reçus par ces mots de nos pères: Soyez les bienvenus! Leurs femmes, fraîches comme le coquelicot, ne sont-elles pas portées sur des chameaux; ces vaisseaux de la terre, qui marchent du pas noble de l'autruche; ne sont-elles pas couvertes de voiles qui, traînant loin derrière elles, désespèrent même nos marabouts? Ne sont-elles pas parées d'ornements, de bijoux enrichis de corail, et le tatouage bleu de leurs membres ne fait-il pas plaisir à voir? Tourterelles ravissant l'esprit de ceux qui croient en Dieu, vous diriez les fleurs des fèves que l'Éternel a créées!

« Vous vous êtes enfoncés dans le sud et les jours me paraissent bien longs! voici près d'un an que, cloué dans ce *teul* ennuyeux, je n'ai plus vu de vous que les traces de vos campements.

« O mon pigeon chéri qui portez un pantalon qui vous tombe jusqu'aux pieds, qui portez un *bernouss* qui sied si bien à vos épaules, dont les ailes sont bigarrées et qui savez le pays, ô vous qui roucoulez! partez, volez sous les nuages, ils vous serviront de couverture, allez trouver mes amis, donnez-leur cette lettre, dites-leur qu'elle vient d'un cœur sincère, revenez vite et apprenez-moi s'ils sont heureux ou malheureux ceux qui me font soupirer.

« Vous verrez Cherifa. C'est une fille fière;

elle est fière, elle est noble, je l'ai vu par écrit.

« Ses longs cheveux tombent avec grâce sur ses épaules larges et blanches; vous diriez les plumes noires de l'autruche qui habite les pays déserts et chante auprès de sa couvée.

« Ses sourcils sont des arcs venus du pays des nègres; et ses cils, vous jureriez la barbe d'un épi de blé mûri par l'œil de la lumière vers la fin de l'été.

« Ses yeux sont des yeux de gazelle quand elle s'inquiète pour ses petits, ou bien c'est encore un éclair devançant le tonnerre au milieu de la nuit.

« Sa bouche est admirable, sa salive sucre et miel, et ses dents bien rangées ressemblent aux grêlons que l'hiver en furie sème dans nos contrées.

« Son cou, c'est l'étendard que plantent nos guerriers pour braver l'ennemi ou rallier les fuyards. Et son corps sans défauts vient insulter au marbre qu'on emploie pour bâtir les colonnes de nos mosquées.

« Blanche comme la lune que vient entourer

la nuit, elle brille comme l'étoile qu'aucun nuage ne flétrit. Dites-lui qu'elle a blessé son ami de deux coups de poignard, l'un aux yeux, l'autre au cœur. L'amour n'est pas un fardeau léger.

« Je demande au Tout-Puissant qu'il nous donne de l'eau; nous sommes au printemps, et la pluie a trop tardé pour les peuples à troupeau. J'ai faim, je suis à jeun comme une lune de ramadan.

« Ils sont à Askoura. Dieu soit loué. Qu'on m'amène mon cheval! Et vous, pliez les tentes, je vais trouver mon oncle, il saura pardonner à l'enfant de son frère, nous nous réconcilierons; et, par la tête du prophète, je donnerai une fête où paraîtront les jeunes gens, les étriers qui brillent et les selles richement brodées. On y frappera la poudre au son de la flûte et du tambour; je marierai Mebrouk, et ses fils seront nommés les fils des juments bien soignées.

« O tribus du Sahara! Vous prétendez posséder des chameaux; mais les chameaux ne recherchent que ceux qui peuvent les défendre ; et ceux qui peuvent les défendre sont mes frères, parce qu'ils savent dans les combats briser les *os des rebelles.* »

On le voit, chez le peuple arabe, tout concourt à développer l'amour des chevaux; la religion en fait un devoir, comme la vie agitée, les luttes incessantes et les distances à franchir dans un pays où les moyens de communications rapides manquent absolument, en font une nécessité, l'Arabe ne peut mener que la vie à deux : *son cheval et lui.*

A quelque distance du lieu où nous avions été réjouis par l'aspect d'une fantasia, nous trouvâmes une autre troupe d'Arabes qui nous attendaient au bord d'une rivière. C'étaient les habitants de plusieurs douars qui venaient offrir aux voyageurs la *difah.* Le caïd avait fait étendre des nattes sur le sol et y avait déposé l'offrande patriarcale de son peuple : le lait et le miel, la galette fraîchement pétrie, et la jarre d'eau un peu tiède et bourbeuse, mais que nous trouvâmes excellente. Autour de lui une centaine d'hommes tenaient à la main, avec cette grâce naturelle à l'Arabe, une offrande de même nature. Tous avaient voulu s'associer à cette réunion qui ressemblait à une fête de famille, tous apportaient le don de la tente et du foyer, et le caïd s'excusait d'offrir si peu, disant qu'il n'avait appris que très-tard l'arrivée de M. le maréchal, et que les hommes des douars un peu éloignés n'avaient pu en être instruits assez tôt pour venir à sa rencontre.

A voir ces chefs de famille, ces anciens de la tribu s'incliner si respectueusement et parler avec tant de vivacité de la joie qu'ils éprouvent de nous voir, ne dirait-on pas que ce sont là autant de soldats soumis de cœur au pouvoir de la France, autant d'amis dévoués dont nulle tentative hostile ne pourra plus ébranler la fidélité? Mais plus un Arabe proteste de son dévouement, dit M. Richard, qui voyageait avec nous, plus il faut se défier de lui. « Nous mentir et nous trahir sont non-seulement des choses qui sont dans son caractère, mais un acte extrêmement louable devant sa conscience. La première qualité indispensable à quiconque a des relations avec eux, est de ne jamais croire un mot de ce qu'ils racontent. Il faut, pour découvrir la vérité au milieu du déluge de mensonges dont ils l'inondent, employer la méthode connue en typographie sous le nom de méthode de recomposition. Ce n'est qu'en prenant plusieurs indications diverses, et partant des sources étrangères qu'on peut, à l'aide de leur coïncidence, s'assurer de l'exactitude des faits [1]. »

N'est-ce pas dans ces mêmes districts, au sein de ces mêmes tribus qu'un derviche qui ne possédait qu'une chèvre, ce qui lui fit donner le surnom de Bou-Maza (père à la chèvre), est parvenu, dans un temps où nous n'avions aucune raison de craindre un tel orage, à susciter contre nous une guerre acharnée? Par ses pratiques austères, il se donnait aux yeux des Arabes un caractère de sainteté; par ses prétendues révélations, il se disait investi d'une mission divine; par le récit de quelques anciennes prophéties, il enflammait l'imagination de ses auditeurs crédules; par ses promesses merveilleuses, il éblouissait leur fanatisme.

J'emprunte au livre curieux de M. Richard

[1] *Étude sur l'insurrection du Dahra*, p. 126.

le texte d'une de ces prophéties dont tous les chefs de révolte ont su tirer d'habiles conclusions, et dont Bou-Maza s'est servi.

« Leur arrivée est certaine dans le premier du 90, car par la puissance de Dieu je suis instruit de l'affaire. Les troupes des chrétiens viendront de toutes parts ; les montagnes et les villes se rétréciront pour nous. Ils viendront avec des armées de toutes parts, fantassins et cavaliers, ils traverseront la mer.

« Ils descendront sur la plage avec des troupes, semblables à un incendie violent, à une étincelle volante.

« Les troupes des chrétiens viendront du côté de leur pays ; certes, ce sera un royaume puissant qui les enverra.

« En vérité, tout le pays de France viendra. Tu n'auras pas de repos, et ta cause ne sera pas victorieuse. Ils arriveront tous comme un torrent pendant une nuit obscure, comme un nuage de sable poussé par les vents.

« Ils entreront par sa muraille orientale.

« Tu verras les chrétiens venir tous dans des vaisseaux.

« Les églises des chrétiens s'élèveront, la

chose est certaine ; là tu les verras répandre leur doctrine.

« Si tu veux trouver protection, va dans les terres de Keirouan, si les troupes des chrétiens s'avancent, et c'est une chose certaine. Et après l'expédition des chrétiens contre Alger, ils reviendront à elle et se répandront de nouveau. Ils domineront les Arabes par l'ordre tout-puissant de Dieu ; les filles du pays seront en leur pouvoir.

« Après paraîtra le puissant de la montagne d'or ; il règnera plusieurs années selon que Dieu voudra et ordonnera. De tous côtés les lieux habités seront dans l'angoisse, de l'orient à l'occident. En vérité, si tu vis, tu verras tout cela. »

Ce puissant de la montagne d'or, c'est le Moule-Saa, le sultan exterminateur des infidèles et le régénérateur de la foi. Sidi-el-Akradar, le célèbre auteur de la prophétie que nous venons de citer, annonce encore la venue de plusieurs soutiens de la foi musulmane, qu'il appelle les forts (*tsaïr*). Bou-Maza est maintenant rangé dans la classe des tsaïr ; mais avant ses échecs et sa fuite, beaucoup d'Arabes pensaient que c'était le grand, le divin

Moule-Saa lui-même, et ils lui attribuaient une action surnaturelle, un pouvoir miraculeux. Ils racontaient qu'on avait vu la queue de son cheval s'illuminer dans les combats, et lancer sur l'ennemi des balles avec la détonation des armes à feu. Dans la confiance que leur inspiraient toutes ces légendes, qui se propageaient de douar en douar, de tribu en tribu, ils couraient aux armes et s'élançaient contre nous avec une aveugle impétuosité. Bientôt tout le Dahra et les districts qui l'avoisinent furent inondés d'une foule d'Arabes, de Kabyles à cheval, à pied, qui, dans l'ivresse de leurs projets, voyaient déjà les Français massacrés ou chassés à jamais du sol d'Afrique, et l'étendard de la foi musulmane flottant sur les débris de la croix. Le chef de bureau des affaires arabes de Tenez, le jeune et brave capitaine Béatrix, fut une de leurs premières victimes; le Camp des Roches fut envahi et saccagé et Orléansville assiégée.

J'ai contemplé avec douleur cette terre du Dahra, en songeant de quelles scènes affreuses elle avait été le théâtre, à quels périls nos soldats y furent exposés, et quelles fatigues inouïes ils éprouvèrent à poursuivre les hordes de Kabyles dans ces défilés étroits, sur ces collines de sable, sur ces cimes de rocs escarpés. Mais quel courage dans cette armée d'Afrique et quelle patience admirable! Nous pouvons en être fiers non moins que de nos glorieuses armées de la République et de l'Empire. C'est la même ardeur au combat, le même mépris du péril, la même gaieté dans les fatigues, et souvent ce sont des fatigues et des périls qui dépassent ceux de nos soldats d'Égypte. L'Europe doit nous savoir gré de notre modération. Avec de tels hommes, je ne sais pas ce qui nous empêcherait de rêver comme Pyrrhus la conquête du monde. Grâce aux marches infatigables de nos troupes, l'insurrection qui menaçait d'embraser toute l'Algérie a été domptée; Bou-Maza a disparu, et les Arabes épouvantés ont de nouveau fait leur soumission. Maintenant la route de Tenez à Orléansville n'est plus exposée au pillage. Nous y avons rencontré des charretiers qui conduisaient leurs voitures chargées de marchandises aussi paisiblement que sur nos routes de France, et nous sommes entrés dans une ferme isolée, une ferme exploitée par un honnête paysan de Normandie, et dont la cour ressemble à celle d'une maison de roulage tant elle est pleine de chariots et de denrées de toute sorte. L'Arabe s'y asseoit fraternellement à côté du colon européen, et le sauvage enfant de la Zemalah y partage le plat de couscoussou avec les joyeux chasseurs d'Afrique.

La nuit nous surprit pendant que nous nous rafraîchissions dans cette habitation rustique, avec de la limonade gazeuse qu'on eût crue empruntée à l'office de Tortoni. L'escorte de cavaliers qui nous accompagnait, non point, disait le maréchal, par mesure de précaution, mais pour rendre honneur au ministre, nous quitta pour retourner à Tenez. Nous nous remîmes en marche seuls dans une ombre profonde, dans le silence d'une nature inanimée. On ne distinguait sur le chemin désert aucune trace de vie, aucun mouvement. Pas un arbre n'apparäissait à nos regards, pas une feuille ne bruissait dans l'air. On n'entendait que le cri monotone dès roues de notre voiture criant sur le sable et la voix du postillon aiguillonnant ses chevaux. Il y avait dans cette marche nocturne au milieu de ces vastes plaines muettes et inhabitées je ne sais quelle austère majesté qui nous subjugua tous. C'était une de ces heures imposantes où la pensée, comme dit Wordsworth, se recueille dans un calme paisible pour s'arrêter rêveuse à une scène solennelle :

> Into peaceful calm
> Is left to muse upon the solemn scene.

L'entretien qui depuis le matin nous avait occupés sans interruption cessa tout à coup, comme par un mutuel accord, et chacun de nous, absorbé dans ses réflexions, se sentait peut-être surpris de se voir errant ainsi sur le sol arabe, et, de cette région d'Afrique, adressait silencieusement un affectueux souvenir à ses amis.

VI.

Nous fûmes arrachés à notre rêverie par un bruit de chevaux qui s'avançaient à notre rencontre. C'était une compagnie de chasseurs qui, après nous avoir attendus sur la route de

Milianah, arrivait au galop sur celle de Tenez. C'était M. le chef d'escadron de Courson, le frère du savant historien de la Bretagne, qui, en l'absence de M. le colonel Saint-Arnaud, était chargé de nous recevoir à Orléansville, et qui nous a reçus avec la plus aimable cordialité. Plusieurs maisons de la ville étaient illuminées, et le souper, préparé sous une espèce de tente en rameaux d'olivier, animé par une franche causerie, égayé par un corps de musique, nous a paru, après un trajet de douze heures et après la difah des Arabes, une des plus délicieuses inventions de la civilisation moderne. Nous sommes restés jusqu'à deux heures du matin à parler des différentes choses qui nous avaient frappés dans le cours de notre voyage, à entendre les mélodies de la *Lucia* et du *Guillaume Tell;* puis j'ai eu la joie de trouver un lit dans la maison d'un de mes amis de Franche-Comté, où, sous de frais rideaux fermés de tous côtés à l'affreuse race des moustiques, en remémorant les doux souvenirs de la jeunesse, j'ai pu me croire sur les bords du Doubs, et m'endormir en pleine Afrique avec l'image de mes vertes montagnes.

Trois heures après, le maréchal, avec une

incroyable activité, était déjà à cheval, conduisant M. de Salvandy au camp, au jardin d'essai et aux principales constructions d'Orléansville.

Cette jeune cité est située sur l'emplacement occupé jadis par une colonie romaine. Les Romains, comme vous le savez, monsieur, choisissaient à merveille leur point de défense. Partout où nous trouvons en Algérie quelques-uns de leurs vestiges, ces vestiges indiquent une parfaite connaissance des lieux et une profonde entente des moyens stratégiques. A deux mille ans de distance, nous reprenons possession des lieux dont ils avaient compris les avantages, nous continuons leur pensée. Orléansville est une de nos importantes stations. Déjà, trois grandes routes la relient à la province d'Alger par Milianah et Tenez, à la province d'Oran par Mostaganem. Elle doit être la tête de nos colonnes, l'arsenal de nos troupes et le principal entrepôt de notre commerce dans cette partie de l'Afrique. Le voisinage du Chélif, l'un des plus beaux fleuves des contrées algériennes, donne un grand prix à cette situation. Son eau est sale et bourbeuse, mais elle se clarifie aisément et devient excellente. Les Arabes disent qu'on reconnaît à la force de ses muscles, à la rapidité de sa course le cheval qui s'est abreuvé dans les flots du Chélif.

A présent Orléansville n'est encore qu'une triste résidence, et je plains ceux qui s'y trouvent en garnison. Quelques édifices seulement sont achevés, entre autres l'hôpital, qui est très-vaste et très-bien administré. Mais plusieurs rues ne sont que tracées ou ébauchées, et la plupart des officiers et des soldats campent dans des espèces de hangars en bois. De toutes parts, on n'aperçoit qu'une terre sablonneuse, des collines arides d'une teinte de sang sur lesquelles le soleil darde une lumière brûlante dont le regard ne peut soutenir l'éclat. Les rives stériles du Chélif ne récréent point la vue, et son onde jaunâtre dispense le voyageur de toute phrase poétique, car elle conserve à chaque saison la même teinte et ne reflète pas la moindre chose. A huit lieues d'un côté, à treize lieues de l'autre, il n'existe pas un arbre. On en a fait planter un certain nombre sur la place; mais ils ressemblent à des sentinelles alignées par ordre militaire et fort ennuyées de leur service. A l'aspect de leurs tiges chétives et de leurs rameaux à demi desséchés, je me représentais ces mascarades de forêts disposées par le galant Potemkin pour séduire dans les steppes les regards de son impératrice.

Mais pardon, monsieur, tandis que je vous rapporte ainsi ma naïve impression, je suis arrêté dans mes remarques mélancoliques par un homme dont l'œil expérimenté distingue ce que mon ignorance m'empêche de reconnaître, par M. le maréchal Bugeaud, qui joint, comme vous le savez, à ses rares qualités de soldat et d'administrateur, une science agricole de premier ordre.

« O poëte, » me dit-il (notez que je ne puis considérer ce grand titre de poëte que comme une épigramme; mais on accepte aisément l'épigramme de ceux que l'on aime, et je professe une profonde et respectueuse affection pour l'excellent gouverneur de l'Algérie), « O poëte, dit-il, parce que vous ne voyez pas là des ombrages frais, des rochers, des cascades, le pays vous paraît abominable; apprenez donc que la plaine du Chélif est composée d'une bonne terre d'alluvion, de deux à trois mètres de profondeur, que les coteaux qui la dominent sont revêtus d'une terre forte, épaisse, qui convient on ne peut mieux à la culture des céréales. Comparez ces arbres d'Orléansville, qui excitent votre pitié à ceux que l'on a plantés à la même époque au bord des routes de France, et vous serez bien forcé d'avouer que ces derniers n'ont ni la même séve, ni le même jet. »

Oublions donc, monsieur, ce que je vous ai dit de la triste végétation d'Orléansville. Pour paraître plus savant que je ne le suis, j'aurais dû effacer ces phrases malencontreuses, mais comme je me suis proposé de vous conter sincèrement mes sensations, je les garde, et j'y joins humblement le correctif qui les réduit à de vains mots.

Le gouvernement a de grands projets de construction, d'embellissement pour Orléansville. Je crois à leur réalisation, et je ne veux pas deux fois de suite, sur la même place, mériter le pensum de l'indocile écolier; mais en attendant que ces projets soient exécutés, que la ville qui doit être la capitale du Dahra soit vraiment une ville, l'œuvre du passé est pour moi ce qu'il y a de plus intéressant et de plus curieux à voir dans son enceinte. Le christianisme a fleuri sur cette terre païenne, et y a laissé le nom d'un saint et les débris d'une église magnifique, tout une nef d'un étonnant travail, tout un pavé de mosaïque en petites pierres de différentes couleurs, formant de charmantes arabesques.

« Cette mosaïque, qui a quarante pieds de longueur sur vingt-deux de largeur, appartenait, dit M. Suchet, dans une de ses lettres, à l'une des plus anciennes basiliques de la chrétienté. A en juger par son inscription, tracée en grands caractères, elle daterait des premières années du IIIe siècle.

« A l'extrémité Est de cet admirable pavé et au milieu d'un hémicycle se trouvait l'autel. L'hémicycle est remarquable par son élévation d'un mètre et quelques centimètres, mais bien plus par la perfection de la mosaïque qui le décore. Au-devant de l'autel est un agneau percé d'une flèche, et un peu au-dessus, des deux côtés, des poissons d'un merveilleux travail. Le poisson dans ces temps antiques était, comme tous le savent, un signe symbolique du christianisme.

« Sous l'autel, dans une crypte voûtée, est un tombeau creusé dans du plâtre. Il était ouvert au moment des fouilles; à droite et à gauche s'élevaient deux colonnes en marbre blanc.

« A l'extrémité opposée et dans un hémicycle parfaitement semblable à celui où est l'autel, presque au niveau du pavé, orné comme le premier de deux colonnes de marbre, on lit, au milieu d'une belle rosace entourée de guirlandes de feuillage, l'inscription suivante :

HIC . REQVIESCIT . SANCTAE
MEMORIAE . PATER . NOSTER
REPARATVS . EPISCOPVS
QVI . FECIT . IN . SACERDOTIVM
ANNOS . VII . MENSES . XI . ET
NOS . PRECESSIT . IN . PACE
DIE . VNDECIMA . K . A . L . A . . V . G . PR
OVINC . CCCC . XXX . ET . SEXTA[1].

Les fouilles n'ont pas été poussées plus loin. Mais nul doute qu'en les continuant on ne fasse encore de précieuses découvertes. Les Arabes appellent Orléansville, la ville aux statues (*El-Esslam*). M. de Salvandy a vive-

[1] Cette date répond à l'an 479 de l'ère chrétienne.

ment recommandé la mosaïque de Reparatus aux soins de l'administration, et insisté pour qu'on creusât le sol en divers autres endroits.

VII.

Après avoir vu tout ce qu'il était possible de voir à Orléansville, nous sommes revenus par la même route à Tenez, où nous avons eu le spectacle d'une garde nationale de quatre cents hommes rangés sous les armes. Buffleteries blanches, fusils brillants, shakos vernis, fifres et tambours, rien n'y manquait. Sans l'encadrement du lieu, j'aurais pu me croire sur une des places de Paris. Vous voyez, monsieur, que nous n'épargnons aux Arabes aucune de nos richesses : s'ils ne finissent pas par être contents de nous, c'est qu'ils sont vraiment d'une nature bien endurcie et bien ingrate.

Le même bateau qui nous avait amenés à Tenez nous a conduits en quelques heures à Cherchell, autre ville romaine, l'une des plus considérables de la Mauritanie césarienne et décorée d'un des plus grands noms impériaux. Selon l'opinion générale, c'est l'ancienne cité que Juba II fit bâtir, et à laquelle il donna le nom de *Julia-Cæsarea*, en mémoire des bienfaits qu'il avait reçus de Jules César. Après la chute de Carthage, elle devint l'une des cités les plus importantes de cette côte africaine. Un tremblement de terre la renversa presque en entier. Aujourd'hui on ne reconnaît son antique grandeur qu'à ses ruines. Des chapiteaux ciselés ont été employés dans la construction de plusieurs maisons. De superbes colonnes en marbre apparaissent çà et là, les unes couchées encore sur le sol, d'autres replacées sur leur piédestal et servant d'ornement à quelque nouvel édifice. Nous sommes entrés dans une mosquée où l'on a rassemblé divers objets, éléments d'un musée qui peut devenir un jour très-important. Il y a là des bas-reliefs précieux, des statues mutilées, mais dont les ravages du temps ou la main des hommes n'ont pu effacer la grâce exquise. En continuant des fouilles qui, jusqu'à présent, n'ont été faites que très-incomplétement, en les dirigeant, on peut arriver à découvrir sur cette terre, enrichie par les Romains, d'autres œuvres plus belles encore ou mieux conservées, et le jeune et intelligent directeur de ce musée naissant a entendu avec reconnaissance M. Salvandy déclarer que les objets d'art et d'antiquité que l'on trouverait à Cherchell devaient rester à Cherchell, afin que les archéologues vinssent eux-mêmes les voir là, et que Cherchell gardât tout l'honneur de son passé, toute la jouissance de ses trésors.

Cette ville, si remarquable par ses œuvres d'architecture, offre en outre aux voyageurs l'agrément d'une situation charmante. Son port est excellent, et de toutes parts elle est environnée de frais jardins, d'enclos féconds. Nous avons passé plusieurs heures à parcourir ses campagnes couvertes de figuiers, d'orangers et de diverses céréales. Moi qui n'avais pas eu le bonheur de visiter les riches plaines de Mitidja, j'ai pu avoir là une juste idée de cette prodigieuse fécondité des plages d'Afrique, déjà si célèbres du temps des Romains, et citées depuis par différents voyageurs avec des expressions qu'on pourrait prendre, si l'on n'en avait reconnu la vérité sur les lieux mêmes, pour de fabuleuses hyperboles.

De Cherchell nous retournons à Alger, où M. le général de Bar nous attend à un bal destiné à célébrer le mariage de M. le commandant Feray et de mademoiselle Bugeaud, dont monseigneur Pavie a béni l'union dans sa délicieuse chapelle épiscopale. Je n'ose, monsieur, vous arrêter à la description de ce bal, si brillant qu'il ait été, avec sa profusion de fleurs et sa splendide variété d'uniformes. Si vous voulez encore m'accompagner dans mes excursions algériennes, dans quelques jours nous partirons pour Bone et Constantine.

LETTRE TROISIÈME

SOMMAIRE.

Bougie. — Bone. — Hippone. — La Calle. — Philippeville. — El-Arouch. — Constantine.

I.

Vous qui avez si utilement employé une partie de vos loisirs à visiter quelques-unes des contrées les plus intéressantes de l'Europe: l'Allemagne universitaire et l'Orient poétique, vous savez qu'une des joies du voyageur est de voyager encore quand il a replié les ailes de sa tente et déposé son bâton de pèlerin au foyer domestique. Le soir, dans le silence d'une retraite paisible, les pieds sur les chenets, la tête appuyée sur le dossier d'un fauteuil, que d'heures délicieuses on passe à retourner par la pensée aux lieux que l'on a parcourus, à faire renaître les divers incidents qui nous ont surpris, à évoquer les images qui ont ému notre cœur ou séduit nos regards;

douce magie qui s'opère sans grimoire, puissance cabalistique que nul concile ne condamne, et qui charme l'esprit mieux que les secrets d'Albert le Grand et les sortiléges du Bloksberg ! Si l'on a retrouvé sous le toit de son colombier l'ami fidèle qui attend avec impatience et inquiétude le retour de son frère nomade, quel bonheur de lui dire la longue route que l'on a suivie, les pays nouveaux que l'on a traversés, les dangers auxquels on a échappé ! Si l'on est seul, on aime encore à se conter à soi-même sa propre odyssée.

J'étais là : telle chose m'avint.

Quand le bon La Fontaine écrivit ce vers, il devinait dans une de ses rêveries l'un des plus vifs attraits de la vie errante. A une certaine distance de temps et d'espace, tous les ennuis et toutes les difficultés que l'on a pu éprouver dans le cours d'une longue pérégrination se revêtent de tout le prestige que notre orgueil donne à un obstacle vaincu, ou s'affaissent dans la mémoire comme les parcelles de sable qui troublaient la limpidité d'une coupe d'eau et qui tombent peu à peu au fond du vase. Il ne reste de tout ce qu'on a vu qu'un souvenir riant, pareil à ces lacs d'azur des légendes populaires où au déclin du jour on aperçoit les tours silencieuses, les remparts majestueux de quelque cité des anciens temps.

Il est vrai qu'on se trompe parfois étrangement soi-même sur la valeur de ces souvenirs. Tel s'imagine posséder, au retour d'une aventureuse entreprise, la lampe merveilleuse d'Aladin, qui ne tient entre ses mains qu'une grossière lampe de plomb. Tel autre, après avoir pénétré dans les grottes des Koboldes et les vallées des Elfes, croit avoir trouvé des lingots d'or et d'argent, et en regardant son trésor à la lumière du jour s'aperçoit, comme dans les *Volkssagen* de l'Allemagne, qu'il n'a rapporté qu'une charge de copeaux ou un sac de noisettes vermoulues. Pour ma part, j'ai plus d'une fois commis cette déplorable erreur. Mais tant que l'illusion dure, on n'en est pas moins parfaitement heureux; et comme après tout, cet état imaginaire ne porte préjudice à personne, n'est-ce pas un doux emploi de la vie que de s'en aller de contrée en contrée à la recherche de quelques-unes de ces aimables chimères de voyage? De là vient qu'après avoir mis dans mon kaléidoscope les verroteries du Nord, j'ai voulu y joindre celles de l'Orient, et qu'à l'heure qu'il est je reste en contemplation devant la côte d'Afrique et la ville de Bougie.

Bougie est dans l'une des situations les plus pittoresques qu'il soit possible d'imaginer. A l'ouest, elle est dominée par de hautes montagnes couvertes de forêts, par des rocs de formes bizarres qui descendent perpendiculairement dans les flots, et présentent l'aspect d'un rempart inaccessible, d'une tour gigantesque, d'un plateau de granit, aire du vautour, champ de bataille des bêtes fauves. Un de ces rocs me rappelle les cavernes où le pêcheur des Féroë s'en va avec sa légère barque chercher un asile contre l'orage ou poursuivre le dauphin fugitif. Il est arrondi comme un arc, creusé comme une voûte, et dans ses deux larges pilastres enferme un bassin d'eau limpide que nulle tempête n'agite, et dont nul vent ne ride la surface. On dirait un arc de triomphe bâti sur la grotte d'émeraude et le palais de cristal d'une naïade africaine. A l'est et au sud s'élèvent d'autres montagnes hérissées de chênes séculaires ou de frêles arbustes qu'un peu de terre soutient, qu'un peu de rosée rafraîchit dans les anfractuosités d'une muraille de pierre. Au milieu de cette enceinte de montagnes, de rochers, s'étend la rade de Bougie, calme et bleue comme un lac de Suisse. Au delà de cette rade apparaît une vaste plaine renommée pour sa fécondité, et, comme une reine sur son trône, la ville est là sur la crête de son coteau, regardant d'un air fier ces montagnes qui la protégent, cette plaine qui l'alimente, cette mer qui l'enrichit. Plus d'une fois, en mesurant dans son orgueil la hauteur des remparts dont la nature l'a entourée, elle a pu se croire à l'abri de toute invasion, de toute catastrophe, et c'est précisément l'avantage de sa situation, la fertilité de son sol, qui, à diverses reprises, ont attiré sur ses plages des milliers de conquérants. Bougie fut l'un des anneaux de cette immense chaîne commerciale que les Carthaginois, ces Anglais d'un autre âge, déroulèrent sur la côte d'Afrique depuis les Syrtes jusqu'à Gibraltar. Envahie par les Romains, puis par les Vandales, puis par les Arabes, enorgueillie par de faciles triomphes, entraînée à de continuelles excursions par l'appât de la piraterie, elle fut punie de ses brigandages par le valeureux Pedro de Navarro, qui s'empara de ses richesses et construisit sur sa colline une solide forteresse pour la tenir en respect. Deux ans après arriva cet intrépide Barberousse dont la vie ressemble à un des romans fabuleux du moyen âge. Il venait d'apprendre que les chrétiens s'étaient emparés de Bougie; il voulait les déposséder de cette conquête. Cette fois la fortune trahit ses efforts. Forcé de se rembarquer en toute hâte pour échapper au fer des Espagnols, il emmenait son fidèle compagnon d'armes, son bouillant Aroudj, mutilé par une balle. Cette défaite ne lui enleva point son téméraire espoir. Il revint avec un nouvel acharnement à Bougie, et y fut battu comme la première fois[1]. La ville resta quarante-cinq ans au pouvoir de l'Espagne. Les Turcs ne la reprirent qu'en 1555.

A toutes les époques, Bougie occupe une place considérable dans les descriptions des

[1] Voyez pour tout ce qui a rapport aux aventures d'Aroudj et de Kaïr-ed-Din, ces deux fléaux de la Méditerranée, l'excellent ouvrage publié par M. F. Denis et M. Sander Rang sous le titre de *Fondation de la régence d'Alger*, 2 vol. in-8. Paris, 1837.

géographes et les récits des voyageurs. Dès le XIIe siècle, Edrisi vante son importance commerciale. « Bedjaïa (Bougie) est, dit-il, la capitale du pays des Beni-Hamad. Les vaisseaux y abordent, les caravanes y viennent, et c'est un entrepôt de marchandises. Ses habitants sont riches, et plus habiles dans divers arts et métiers qu'on ne l'est généralement ailleurs, en sorte que le commerce y est florissant. Les marchands de cette ville sont en relation avec ceux de l'Afrique occidentale, ainsi qu'avec ceux du Sahara et de l'Orient. On y entrepose beaucoup de marchandises de toute espèce. Autour de la ville sont des plaines cultivées où l'on recueille du blé, de l'orge et des fruits en abondance. On y construit de gros bâtiments, des navires et des galères; car les montagnes et les vallées environnantes sont très-boisées, et produisent de la résine et du goudron d'excellente qualité. On s'y livre à l'exploitation des mines de fer, qui donnent à bas prix de très-bon minerai. En un mot, c'est une ville très-industrieuse[1]. »

Au XIVe siècle, l'écrivain florentin Fazio

[1] *Géographie d'Edrisi.* Trad. de M. Jaubert, t. I, p. 236 et 237.

degli Uberti signale Bougie comme une des cités les plus florissantes des États barbaresques. « Ses marchands, dit-il, étaient en relation avec tous les ports de la Méditerranée, non-seulement avec l'Italie, la France, l'Espagne, mais avec l'Asie Mineure, la Morée, Constantinople, l'île de Chypre, la Syrie et l'Égypte. Les marchandises que leur ville livrait à l'exportation, Bone et Tunis, étaient surtout des cotons bruts, du lin, de la soie, des laines, des cuirs, de la cire, du corail, des métaux, des caroubes, des noix, du blé, des épiceries et des écorces à tan. Ce dernier article provenant des forêts de la province de Constantine, bien plus riches dans ce temps qu'elles ne le sont aujourd'hui, avait des qualités si bien reconnues, et s'exportait en si grande quantité de Bougie qu'il était connu dans toute la Méditerranée sous le nom d'*iscorza di Buggien,* comme on le voit dans plusieurs états de marchandises et de douanes italiennes du XIVe siècle[1]. »

Au XVIe siècle, Léon l'Africain dit que

[1] *Aperçu des relations commerciales de l'Italie septentrionale avec l'Algérie au moyen âge,* par M. de Mas-Latrie, p. 25.

Bougie possédait des colléges où d'habiles professeurs enseignaient les lois, les arts, les belles-lettres, la philosophie[1].

Au XVIIIe siècle, à en juger par le récit de Shaw, Bougie devait avoir déjà perdu une partie de sa splendeur première; car l'illustre voyageur ne parle plus des nombreuses exportations mentionnées par ses prédécesseurs. « Chaque jour de marché, dit-il, les tribus des Kabyles du voisinage apportent là leurs denrées, et les choses se passent assez tranquillement tant qu'il dure, mais dès qu'il est fini, tout est bientôt sens dessus dessous, et la journée s'écoule rarement sans désordre et sans qu'il y ait eu quelques vols. Les habitants font un commerce considérable de socs de charrue, de bêches et autres instruments aratoires, qu'ils forgent avec du fer provenant des mines environnantes. Ils achètent aussi des Kabyles une grande quantité d'huile et de cire que l'on emporte en Europe et dans le Levant.

Le 22 septembre 1833, le général Trézel partait de Toulon avec une escadre destinée à faire la conquête de cette antique cité, dont

[1] *Description de l'Afrique*, p. 532, 590.

le bey de Constantine menaçait de s'emparer. Le 29, il arrivait dans la rade, et après quelques décharges de coups de canon, le même jour, le drapeau de France flottait sur les batteries du port. Mais les Kabyles, que notre artillerie avait chassés de la Casbah et du Moussa, n'abandonnaient pas encore la place. Retranchés dans les divers quartiers de la ville, le sabre à la ceinture, la carabine à la main, ils se faisaient de chaque maison un nouveau rempart; ils défendaient chaque porte, chaque fenêtre, chaque pied de terrain. C'était un autre siége de Saragosse, un siége d'autant plus difficile que toutes les habitations étant dispersées sur des coteaux, dans des ravins, il fallait les attaquer successivement. Enfin, après quatre jours d'une lutte opiniâtre, le sol de Bougie était à nous. Mais derrière ces murs, ces forteresses, subjugués par nos armées, s'étend l'immense forteresse des montagnes occupées par les nombreuses tribus des Kabyles, qui n'acceptent ni paix ni trêve, qui de tous côtés nous cernent dans notre étroit domaine, qui à toute heure sont prêts à reprendre les armes et à s'élancer contre nous. Pour nous protéger contre leurs irruptions, on a élevé de distance en distance des blockhaus qui, la nuit, peuvent être éclairés spontanément et guider les coups de nos tirailleurs. On a construit un fort au sommet du mont Gouraya, sur les débris d'une ancienne mosquée très-révérée des Maures, et les Kabyles sont si acharnés à notre poursuite, qu'en certains moments on ne peut pas même, sans quelque prudente précaution, gravir la large route qui rejoint ce fort à la ville.

Quel dommage pour les artistes et les touristes que ces fières tribus de soldats se montrent à notre égard si peu sociables et paraissent si peu désireuses de nous admettre dans leur intimité! La race kabyle est du très-petit nombre de choses distinctes qui existent encore en ce siècle de nivellement universel et de couleur uniforme. L'Europe ne les a pas encore badigeonnés de son vernis. L'Angleterre ne leur a pas inculqué l'amour du *mackintosh* et du *waterproof*. L'Allemagne ne leur a point appris le suprême bonheur que l'on éprouve à se mettre la tête entre les deux mains pour lire une petite phrase de deux à trois pages, et essayer de comprendre un axiome de philosophie qu'on ne comprend pas. L'Espagne leur voisine ne leur a pas envoyé la moindre romance, ni les plus légères décorations, et depuis douze ans qu'ils nous voient de fort près, les braves gens n'ont pas l'air de se douter de la grâce exquise des pantalons à sous-pieds et des agréments du roman-feuilleton.

Tout ce que le savant Prescott nous a dit des mœurs primitives des anciens Astèques, tout ce que Walter Scott nous a conté des vieux clans d'Écosse, et Fenimore Cooper des grands chefs de l'Amérique sauvage, n'est pas plus curieux que ce qu'on pourrait voir dans ces régions inexplorées de la Kabylie, depuis le port de Bougie jusqu'aux Bibans, et depuis les Portes de Fer jusqu'à Sétif. Tels étaient les Kabyles il y a des siècles, et tels ils sont encore aujourd'hui, race primitive dont on ignore même l'origine; race non malléable dont les Arabes n'ont pu altérer la nature, et sur laquelle se brisent comme sur une chaîne de fer les efforts de l'Europe. Du milieu de leurs forêts, du sommet de leurs coteaux, ils regardent avec un mâle sentiment d'indépendance les peuplades étrangères qui les entourent. Si quelque besoin matériel, quelque calcul de négoce ou quelque entreprise belliqueuse les amène au milieu de ces peuplades, ils y passent sans s'y confondre, comme ces fleuves qui traversent les lacs en conservant la nuance particulière de leurs flots. Dans quelque ville qu'il apparaisse, partout on reconnaît le Kabyle à sa constitution robuste, à l'agilité de ses membres, à la fierté de son œil noir. Tandis que l'Arabe, pour satisfaire à l'intérêt du moment, se couche à nos pieds et sollicite notre bienveillance par ses humbles protestations, le Kabyle garde une mâle attitude; et s'il est forcé de se soumettre à une force supérieure, il se soumet sans déroger par de basses flatteries à sa dignité.

Montagnard comme l'aigle, et libre comme l'air,

l'enceinte des montagnes fait sa force, la liberté fait son orgueil. Patient et laborieux, endurci de bonne heure aux fatigues de tout genre et aux rigueurs de son climat, il est à la fois agriculteur et guerrier, il ensemence son champ et le défend. Il forge le soc de la charrue et la lame du sabre. Chaque tribu est comme un petit monde à part qui, au besoin, se suffirait à lui-même par son travail agricole et son industrie. Les femmes tissent la laine et le lin; les hommes fondent le minerai, charpentent le bois et fabriquent divers meubles et divers ustensiles. La terre qu'ils occupent leur donne assez de céréales pour les nourrir et plusieurs productions qu'ils transportent sur différents marchés. Ici on trouve des orangers, des caroubiers et d'autres arbres à fruits qui donnent d'abondantes récoltes; là des quantités de ruches à miel; ailleurs des pâturages où l'on engraisse de nombreux bestiaux. Chaque tribu élit elle-même son cheik pour la conduire à la guerre, la représenter dans ses relations avec ses voisins, juger ses différends, administrer la justice. La loi n'est pas écrite. Le cheik et le marabout en sont, comme autrefois le *logmadr* en Islande, les organes vivants. Les vieillards l'ont apprise de leurs pères; et si un chef téméraire osait la violer, le dernier des hommes de la communauté pourrait lui dire : « Arrête! Tu es cheik, mais je suis cheik comme toi. »

Les vallées de la Souman, de l'Adgeb, avec quelques territoires adjacents, renferment cinquante tribus qui peuvent mettre, dit-on, sous les armes trente mille fantassins et cinq cents cavaliers. C'est là ce qu'on appelle la Grande Kabylie, c'est là une des forces les plus redoutables que nous ayons à combattre en Afrique; et ceux de nos compatriotes qui par leur séjour dans le voisinage de cette contrée ont eu occasion d'étudier et d'apprécier le caractère des Kabyles, prétendent que si nous pouvions parvenir à conclure avec les diverses tribus un vrai traité de paix, nous n'aurions pas d'alliés plus sincères.

Évidemment, nous ne pouvons rester dans la situation précaire que nous occupons en face de ces tribus. Il faut de toute nécessité, ou qu'elles soient refoulées loin de nous et comprimées dans leurs derniers retranchements, ou que, persuadées de la supériorité de notre pouvoir et de l'inutilité de toute résistance, elles se soumettent à notre ascendant et vivent en bonne intelligence avec nous. Plus d'une fois le projet d'une expédition militaire dans l'intérieur de la Kabylie a été mis en question, et M. le maréchal Bugeaud l'a soutenu avec énergie. Nous ignorons les graves raisons qui lui ont été opposées; mais nous avons lieu de croire que des hommes éminents, qui d'abord avaient rejeté ce nouveau plan militaire, en ont compris la rigoureuse importance, et sont aujourd'hui fort disposés à l'admettre[1].

Nous sommes entrés à Bougie un dimanche matin. Les troupes étaient rangées sous les armes; le clairon sonnait gaiement dans les rues. Tous les habitants en habits de fête étaient sortis de leurs demeures pour jouir du spectacle d'une parade militaire éclairée par un jour splendide. Nous nous en allions sur les flancs du Gouraya d'escarpement en escarpement, tantôt attirés par la fraîcheur d'une nouvelle construction, par les arbres majestueux d'un jardin, tantôt par une ruine romaine ou un portail espagnol, et du haut de la Casbah nous ne nous lassions pas de voir cette ville d'un effet si poétique, ces sinuosités de collines bordées de maisons blanches, ces ravins voilés sous le large rameau du caroubier et du figuier, cette plaine su-

[1] Le succès de l'expédition si heureusement accomplie au mois de mai dernier par M. le maréchal Bugeaud et par M. le général Bedeau, a justifié nos prévisions. Les barrières de la Kabylie ont été franchies, et ces districts, naguère si redoutés, ouvrent maintenant un nouvel espace à l'œuvre de notre colonie.

perbe sillonnée par le fleuve que Ptolémée appelle le Nasava, cette baie d'azur où les rayons du soleil répandaient un réseau d'or et d'argent ; et au-dessus de cette plaine, de ces coteaux agrestes, tous ces pics de montagnes échancrés comme ceux du Tyrol, éblouissants en été comme les rocs du Liban, et couverts de neige en hiver comme les cimes du Jura. Nous nous sommes assis dans le riant enclos de la demeure du commandant, autour d'un arbre dont les branches fécondes s'inclinaient sur notre tête comme pour nous inviter à goûter leurs fruits savoureux. Au milieu d'une telle scène, il était triste seulement de songer que nous nous trouvions enserrés entre des hordes ennemies, que tout cet espace qui charmait nos regards était un théâtre perpétuel d'escarmouches dangereuses, de rixes sanglantes.

Le soir pourtant nous retournions à regret à bord du *Montezuma*. Il y a dans l'aspect de Bougie, dans la grâce infinie de ses paysages, dans les contours de ses vallées et la solennelle majesté de ses montagnes, je ne sais quelle attraction qui me rappelait ce que les légendes populaires du Nord racontent de la mystérieuse magie de certains lieux, et plus d'un de nous s'est dit que s'il devait quelque jour se choisir une demeure en Algérie, c'est là qu'il voudrait l'avoir.

II.

Le lendemain, nous arrivions dans la magnifique rade de Bone ; magnifique, mais trompeuse comme tant de choses dont le faux éclat nous séduit en ce monde. Son vaste circuit n'offre aux navigateurs qu'un refuge dangereux, et son onde azurée cache un fond de roc où chaque année plus d'un navire se brise. A notre gauche s'étend une large plaine non moins perfide que cette baie si riante; car son sol est couvert çà et là d'une eau marécageuse qui répand dans l'air de funestes exhalaisons, et son humide gazon engendre la fièvre. A notre droite s'élève la ville qui a succédé à l'antique Hippone, la ville des jujubiers (Beled-el-Huneb), comme l'appellent les Arabes. Un mur de huit mètres environ de hauteur l'entoure; une citadelle bâtie sur une colline de quelques centaines de pieds d'élévation la protége. C'est cette citadelle dont le bouillant

Joussouf s'empara avec son valeureux ami, le capitaine d'Armandy, et une trentaine de matelots. Abandonnée au bey de Tunis par M. le maréchal Clauzel, dont notre gouvernement ne voulut point ratifier le traité, puis reprise par nos soldats, Bone est aujourd'hui le chef-lieu d'une des subdivisions de la province de Constantine, le siége d'une sous-direction civile et d'un tribunal. Ses fortifications ont été relevées et consolidées, ses rues élargies, et quelques-unes bordées d'arbres. L'administration a fait de louables efforts pour embellir cette ville, qui, à l'époque où nous y sommes entrés, était dans un piteux état. Une eau salubre arrose ses différents quartiers. De beaux arbres projettent çà et là une ombre rafraîchissante, et la place d'Armes, avec sa large fontaine et son cercle de bananiers, offre un charmant aspect. Le plus bel édifice est celui que malheureusement nous devons d'abord construire partout où nous établissons une garnison, celui dont on s'étonne partout de voir les grandes dimensions, et qui cependant est souvent trop étroit. Je veux parler de l'hôpital, dans lequel nous avons trouvé quatre cent cinquante malades. Inutile de dire qu'il

15

ne manque à cette nouvelle ville française ni cafés ni hôtels. Plusieurs belles maisons de marchands et de particuliers apparaissent aussi de différents côtés entre les casiers de plâtre des familles maures. Mais il ne faudrait pas trop se fier à la brillante apparence de ces maisons. La plupart n'ont été bâties qu'à la hâte et pour peu de temps. Ceux qui viennent à Bone avec l'intention de s'y fixer sont bientôt découragés par la fièvre qui les saisit ou qui exerce ses ravages autour d'eux. On s'efforce d'amasser aussi vite que possible quelques bénéfices ; on tâche de vendre au premier arrivant qui se présente la maison que l'on a fait récemment badigeonner, et l'on s'en va, fort heureux d'emporter ailleurs son or et ses pénates.

Bone renferme à présent environ cinq mille âmes [1], dont près de deux mille Maltais, qui forment comme la transition entre la population européenne et la population indigène. Paresseux comme les Maures, fripons comme

[1] En 1839, on y comptait, dit M. Wagner, onze cent vingt Français, douze cent neuf Maltais, cinq cent vingt-quatre Italiens, cent vingt et un Espagnols, cent vingt-deux Allemands et trois Grecs. *Reisen in der Regentschaft Algier*, t. I, p. 234.

les Arabes, sales comme les Biskris, ils se rapprochent des Européens par la communauté de religion et par quelques-unes de leurs coutumes. Les plus aisés d'entre eux font un petit commerce d'épiceries, de quincaillerie, ou tiennent un cabaret. Les autres, et c'est le plus grand nombre, sont manœuvres ou portefaix, et dès qu'ils ont gagné quelques sous dans leur journée, on les voit s'accroupir au soleil avec une insouciance de lazzaroni.

M. le général Randon, qui, à la vue du *Montezuma* mouillant dans la rade de Bougie, s'était empressé de venir au-devant de M. de Salvandy, nous montra les divers établissements de la ville soumise à son commandement : ici une église qui réunit la population catholique sur cette terre glorifiée jadis par le catholicisme ; là une petite bibliothèque de huit cents volumes, ressource précieuse dans cette cité si éloignée du mouvement des sciences et des lettres. M. le ministre a fait prendre note des livres qui s'y trouvaient, et dès son arrivée à Paris s'est empressé de l'enrichir d'une collection d'ouvrages instructifs et sérieux. Près de là, il eut la joie de visiter une école française dirigée par un maître habile, fréquentée par tous les enfants de la colonie. Il est bon de remarquer que partout où la France s'implante, elle n'oublie point l'œuvre d'intelligence qu'elle est appelée à remplir, et que le génie pacifique de l'étude suit avec la palme d'olivier le progrès de ses armes.

III.

Après cette intéressante tournée, nous sommes montés à cheval, impatients d'aller voir le sol de l'antique Hippone. Le général avec ses aides de camp, le colonel Clerc avec les principaux officiers de son régiment, un escadron de hussards, escortaient une élégante voiture préparée pour madame de Salvandy. Si les vieux Vandales de Genséric, ensevelis dans les sables de la plage, avaient pu contempler ce brillant cortége, qu'auraient-ils dit, les barbares, d'un tel luxe et d'une telle cavalcade ?

J'ai eu la prétention de me croire quelque peu cavalier en traversant les laves d'Islande et les marais de Laponie ; mais quiconque ne s'est pas trouvé mêlé à un de ces détachements de chevaux africains impétueux, fougueux, se cabrant sous le mors et piaffant dans un tourbillon de poussière, ne sait pas à quelle rude épreuve peut être mise son expérience d'écuyer. Pour moi, je me trouvai bientôt emporté par le mien, essayant en vain de le retenir, serrant de toutes mes forces la bride, qui ne faisait qu'irriter son orgueil arabe, lâchant un étrier, puis l'autre, et succombant enfin comme un mauvais élève de manége à une situation si désastreuse que je fais un grand acte d'humilité en la racontant. Heureusement que la Franche-Comté, comme une tendre mère, vint à mon secours en la personne de M. le colonel Clerc, qui dans son cœur de vieux soldat, éprouvant une généreuse commisération pour la faiblesse équestre de son compatriote, saisit les rênes qui déjà s'échappaient de mes mains, et mit son cheval au pas pour donner un louable exemple au mien. A quelque chose malheur est bon : le peuple l'a dit dans un de ses sages proverbes. Tandis que le cortége ministériel, auquel j'avais eu l'honneur de m'associer, s'éloignait au galop, j'avais le temps, en cheminant d'une allure plus modérée, d'observer cette belle plaine de Bone, traversée par la Boudjimah et la Seybouse, et animée par une quantité de faneurs qui travaillaient à élever des amas de fourrage hauts comme des montagnes. Nous rejoignîmes la cavalcade au milieu d'une forêt de broussailles, sur les murs que quatorze siècles n'ont pu détruire, sur les débris d'Hippone. C'est bien là que s'élevait cette forte ville dont le sauvage Genséric ne s'empara qu'après un siége de quatorze mois, cette ville auguste qui brilla d'un si grand éclat au milieu des trois cents églises d'Afrique, cette religieuse cité d'Hippone qu'un immortel prélat ennoblissait par son génie et sanctifiait par ses vertus. Tout dans ces lieux rappelle la mémoire d'un des grands apôtres de l'Évangile. A quelque distance d'ici sont les ruines de Tégaste, où il naquit, les ruines de Madaure, où il fit ses premières études. C'est dans ces deux antiques cités qu'il se préparait, par la lassitude de ses erreurs, à la grâce qui devait l'éclairer, aux bénédictions qui devaient consoler de toutes ses larmes le cœur de sa pieuse mère. C'est au milieu de ces murs d'Hippone qu'il s'est éteint dans la plénitude de ses œuvres, après avoir longtemps soutenu par ses exhortations le courage de ses enfants dans les angoisses d'une lutte impitoyable, pansé d'une main charitable les plaies des blessés, porté une dernière consolation au chevet des mourants. Au moment où les hordes barbares se répandaient sur la terre d'Afrique, où la foi chrétienne allait se perdre dans le torrent de la dévastation, il semblait que l'âme du saint évêque n'eût plus qu'à retourner à Dieu pour lui rendre compte de sa mission et implorer son pouvoir en faveur de sa religion opprimée. Et le pouvoir de Dieu a fait refleurir, comme la verge desséchée d'Aaron, les rameaux de l'Évangile sur ce sol frappé d'une stérilité mortelle. Un jour, la colline d'Hippone a retenti du chant des hymnes religieux qu'elle n'avait point entendus depuis des siècles. Sept prélats de France sont venus élever au milieu de ses plantes sauvages un monument à la mémoire de saint Augustin, et la messe a été célébrée sur ses ruines désertes.

Il ne reste de cette ville envahie par les Vandales, abandonnée par les Arabes, que de magnifiques citernes dont la colossale étendue annonce la puissance du peuple qui les avait bâties[1]. Mais ce qui mérite surtout d'être remarqué, c'est la position même de l'ancienne Hippone, cette colline ondulante d'où elle dominait au loin l'espace, cette vaste plaine qui enrichissait ses habitants, cette Seybouse maintenant à demi barrée qui lui amenait les navires de la mer, tout ce site à la fois si riant et si grandiose qui rendait, dit le poëte Silius Italicus, Hippone chère aux rois de Numidie,

... Antiquis dilectus regibus Hippo.

A une demi-lieue de là, nous avons été voir un établissement qui n'en est encore qu'à ses premiers essais, mais qui promet de féconds résultats. C'est l'exploitation de minerai entreprise par M. le marquis de Bassano. Nous sommes arrivés par une large plantation d'oliviers au pied d'une jolie maison construite comme une villa italienne. Tandis qu'un domestique allait chercher son maître, nous nous sommes assis au milieu d'une enceinte de bananiers, sous un toit de pampres

[1] Il reste encore dix arcades de ces citernes, qui ont cent quarante-sept pieds de longueur, cent vingt-neuf de largeur et vingt-huit de hauteur.

chargé d'énormes grappes de raisin qui me faisaient songer à celles de la terre promise. Tout autour de nous indiquait les traces d'une administration habile, de l'intelligence qui ordonne, du travail qui fructifie. Ici un frais jardin arrosé par une eau limpide; là de vastes enclos parsemés de beaux arbres. Pour ceux qui veulent la cultiver, cette terre d'Afrique est vraiment la terre par excellence. Les plantes qu'on lui confie, elle les développe en quelques printemps; les germes qu'on lui livre, elle les rend au centuple. La fièvre pourtant effraye ici les ouvriers, et souvent paralyse leurs forces, menace leur vie. M. de Bassano a failli en être victime; mais il s'est dévoué avec une mâle résolution à son entreprise, et il veut la continuer. A trois kilomètres de son habitation s'étendent de vastes couches de minerai, et de ce minerai il espère tirer un fer d'une qualité pareille à celui de Suède.

Avant de s'éloigner de cette riche plage, où la France possède maintenant une importante situation militaire et commerciale, un monument religieux et une nouvelle industrie, M. de Salvandy a visité La Calle, et j'ai été heureux de l'accompagner dans cette excursion.

IV.

La Calle est, comme vous le savez, monsieur, l'une de nos plus anciennes stations sur la côte d'Afrique et la limite actuelle de nos possessions du côté de Tunis. En 1561, deux négociants de Marseille, Thomas Linches et Carlin Didier, obtinrent, avec l'autorisation du grand seigneur, l'assentiment des tribus arabes du voisinage, et moyennant certaines redevances, le droit de créer sur les rivages de Bone un établissement auquel ils donnèrent le nom de Bastion de France, lequel bastion n'était point, comme son nom pourrait le faire supposer, un mur de citadelle, mais une simple habitation que les Provençaux, en mémoire de la patrie, appelèrent peut-être une bastide. De là à bastion, l'altération n'était pas difficile.

Détruit par les Turcs en 1601 ou 1602, le Bastion de France fut l'objet d'une clause spéciale dans le traité que M. de Brèves négocia au nom de Henri IV avec la Turquie. Ce ne fut qu'en 1632 que ce traité fut mis à exécution. Nos concessions africaines se composaient alors du Bastion de France proprement dit, d'un petit établissement à La Calle, d'un poste au cap Rose. Ces trois points étaient occupés par environ quatre cents hommes, dont cent militaires. Le commerce français avait en outre une agence à Alger, une autre à Bone, et payait pour le tout cent trente-cinq mille six cent quatre-vingts francs par an [1].

Détruit une seconde fois par les Turcs, relevé par un nouveau traité, puis abandonné par celui même qui en avait la direction, l'établissement commercial des Français dans les parages de Bone n'eut, au XVIIe et au XVIIIe siècle, qu'une existence fort précaire. Ceux qui la peuplèrent n'étaient pas gens à lui donner un caractère honorable ni à assurer la prospérité de ces entreprises. C'était le plus souvent un ramassis d'individus sans aveu ou d'industriels fort mal notés dans les cours judiciaires. M. l'abbé Poiret, qui visita La

[1] *Mémoires historiques et géographiques sur l'Algérie*, par M. Pellissier, p. 253.

Calle en 1785 et 1786, raconte que, parmi les trois ou quatre cents Européens réunis là, on en voyait plusieurs qui avaient été incorporés dans la bande d'un célèbre brigand.

En 1807, les Anglais, qui, ici comme partout, selon leurs généreuses habitudes, ne pouvaient manquer de convoiter ce qui appartenait à la France, obtinrent du dey d'Alger la jouissance de nos concessions, moyennant une redevance de deux cent soixante-sept mille francs. En 1817, elles nous furent remises. Dix ans après, la lutte qui s'était élevée entre le brutal Hussein et le consul de France nous obligea de nouveau à les abandonner. Deux de nos bâtiments allèrent recueillir les habitants de La Calle, et les Turcs mirent le feu à notre établissement. La glorieuse expédition de 1830 nous l'a rendu.

Cette station de La Calle, dont le nom se trouve mêlé depuis si longtemps à notre histoire et inscrit dans tant de traités, n'est qu'une méchante bourgade, bâtie sur une roche de grès, dans une presqu'île séparée de la terre ferme par une langue de terre d'environ cent cinquante pas. Son port est fort étroit, peu profond, et d'un accès difficile.

Il n'y entre que des bâtiments de petite dimension. On n'y voit que de chétives maisons, quelques magasins et une mosquée, construite, dit-on, par le cardinal de Richelieu. Elle est commandée par un capitaine d'infanterie et occupée par une compagnie de soldats de discipline, qu'on emploie à différents travaux, et qui, le dimanche, se reposent des fatigues de la semaine en jouant des vaudevilles dans une espèce de hangar, qu'ils ont tapissé de lambeaux de papier de couleur. Le prix d'entrée à ces théâtres africains, où M. Scribe joue un grand rôle, est de cinquante centimes aux premières loges, et de vingt centimes au parterre. On ne peut avoir les œuvres dramatiques à meilleur marché. Quand l'un de ces acteurs s'est fait remarquer par son talent, et a mérité les applaudissements de monsieur le capitaine et de monsieur le maire, il demande, pour récompense suprême, qu'on l'affranchisse de l'humiliante obligation d'avoir, comme les autres disciplinaires de sa compagnie, la tête rasée, d'autant qu'il doit souvent représenter des pères nobles à perruque et des brigands chevelus. Ses succès de théâtre, joints à sa bonne conduite, le conduisent parfois à ce but si désiré, et six centimètres de cheveux sur la tête lui donnent aux yeux de ses camarades l'attitude d'un personnage distingué. Ah ! cher Montaigne, « l'ambition, dites-vous, n'est pas un vice de petits compaignons. » Mais celle-ci cause aux pauvres condamnés de La Calle plus de perplexités et d'agitation que César n'en éprouva peut-être sur les bords du Rubicon.

En été, cette petite cité de La Calle est cependant très-animée par la quantité de pêcheurs de corail qui s'y rassemblent. Au temps d'Édrisi, cette pêche était déjà célèbre. L'illustre géographe parle des produits qu'elle donnait à Mers-el-Djoun, et M. Pellissier a démontré que Mers-el-Djoun n'est autre chose que La Calle.

La pêche du corail est moins abondante à présent qu'autrefois : cependant plus de deux mille hommes, la plupart Napolitains ou Sardes, y sont encore employés chaque année, comme pêcheurs, armateurs ou marchands. Cette pêche se fait à quelques lieues de la côte, dans la vaste baie qui s'étend entre le cap de Garde et le cap de Bizerte, et embrasse dans son étendue le port de Bone, celui de l'ancien bastion, celui de La Calle et celui de Tabarque. Le fond de la mer est dans cet espace parsemé de rochers sur lesquels naît et se développe cette végétation charmante, dont les rameaux grandissent comme ceux de la plante, et dont chaque tige, chaque branche, chaque bourgeon n'est qu'un composé de petits êtres vivants; curieux phénomène qui tient à la fois au règne minéral et au règne végétal, et auquel les naturalistes, dans leurs formules impitoyables, ont donné l'affreux nom de polype.

Il y a onze hommes par bateaux, y compris le capitaine, qui parfois, en réunissant leurs efforts, ont bien de la peine à retirer les longs et lourds filets qu'ils lancent à la mer.

Chaque bateau paye au gouvernement français un droit de pêche de cent quatre piastres en hiver, et de deux cent seize en été, en tout mille six cents francs. Ce tribut, joint à l'achat des filets, qui s'usent très-vite, aux approvisionnements et à la solde de l'équipage (vingt-cinq à trente francs par mois pour chaque pêcheur, cinquante à soixante pour le capitaine), porte les dépenses ordinaires de l'embarcation à environ sept mille cinq cents francs. En été, elle peut recueillir jusqu'à cent cinquante livres de corail, en hiver cinquante, qui, au prix de soixante-dix ou soixante-quinze francs la livre, donnent à l'armateur un assez joli bénéfice. Mais c'est là un de ces heureux résultats qu'on n'obtient pas toujours, qui dépend de l'inconstance des éléments, de l'habileté des pêcheurs et de la qualité du corail.

Le nombre des bateaux employés à la pêche varie chaque année; terme moyen, on peut le porter ordinairement à deux cents en été, et à cinquante en hiver. La somme qu'ils payent au Gouvernement s'est élevée dans les derniers temps à trois cents et à trois cent quatre-vingt mille francs[1].

D'utiles travaux ont été entrepris dans le port de La Calle. Il y a tout lieu de croire que les améliorations projetées augmenteront l'importance de cette bourgade laborieuse; et si l'on pouvait parvenir à assainir son atmosphère viciée par les exhalaisons de trois étangs marécageux, on verrait probablement s'accroître rapidement la population de cette an-

[1] Wagner, *Reisen in der Regentschaft Algier*, t. I. p. 270.

cienne station de France, qui possède deux grandes ressources : les bancs de corail dans les flots de la mer, et de belles forêts de pins sur son rivage.

V.

En quelques heures, notre agile frégate à vapeur, notre *Montezuma*, fier et superbe comme un empereur des régions du soleil, et glissant sur les flots comme un léger caïque, nous a ramenés de La Calle à Bone, et de Bone dans le port de Philippeville, une de nos nouvelles créations. Les Romains, dont nous retrouvons partout l'intelligent travail, avaient déjà choisi cet emplacement pour relier leur puissante cité de Constantine à la mer. Philippeville est bâtie près des ruines de leur colonie de Rusicada, où Shaw a encore vu d'antiques citernes transformées en magasins de blé par les habitants de la rade, à laquelle les modernes ont donné le nom de Stora. Les architectes ont employé tout leur zèle à faire de Philippeville une résidence d'un aspect européen : une grande rue, tracée en ligne droite, qui descend jusqu'au port; plusieurs rues transversales, dessinées avec le même compas symétrique, des maisons criblées de fenêtres sur toutes les façades, des auberges par-ci, des boutiques par-là. L'art mauresque est décidément pour eux un art sauvage qui révolte leur goût. Il n'en est pas un qui ne se croie en conscience obligé d'implanter sur le sol d'Afrique les principes qu'il a puisés dans les ateliers parisiens, et qui ne se considérerait comme un barbare s'il osait jamais imiter la structure de ces charmantes maisons arabes, si fraîches et si belles, si parfaitement adaptées à la nature du climat.

Si jeune que soit Philippeville, les sœurs de saint Vincent de Paule y ont déjà fondé leur œuvre. Nous ne mettons pas plus d'ardeur à faire nos conquêtes militaires ou civiles que la religion n'en met à nous suivre dans tous nos progrès, à porter dans chacune de nos colonies nouvelles l'infatigable sollicitude de son dévouement, le trésor de ses bienfaits.

Grand roi, cesse de vaincre ou je cesse d'écrire,

disait Boileau dans une de ses pénibles tirades; mais la religion nous dit : « Allez, je marche sur vos traces; partout où vous m'appellerez, je répondrai à votre appel; partout où vous invoquerez mon secours, je serai là pour vous le donner. » Et les bonnes sœurs, qu'on a si justement nommées les sœurs de la Charité, arrivent aux lieux où nous formons nos garnisons, visitent les malades, pansent les blessés, soutiennent les vieillards et instruisent les petits enfants. Sans cesse occupées des autres, et oublieuses d'elles-mêmes, elles ne demandent à Dieu et aux hommes qu'une place pour prier et pour faire le bien. Qu'on les installe sous le toit de la plus misérable cabane ou sous les branches desséchées d'un gourbi, qu'on leur donne pour leur subsistance les plus mauvais fruits du pays, ce n'est point là ce qui les inquiète, ce n'est point par le luxe matériel qu'elles rehaussent leur sainte mission, et si elles implorent les dons des riches de la terre, ce n'est point pour en jouir elles-mêmes, c'est pour les répandre entre les mains de ceux qui en ont besoin. Combien il en est qui tombent victimes de leur courage! En Afrique, en Orient, en Océanie, dans toutes les régions où une pieuse espérance les a entraînées, combien qui peuvent dire comme un des saints qu'elles invoquent : « Seigneur, le zèle de votre maison me dévore ! » Que de sacrifices sublimes ! que de martyres ignorés dans cette humble cohorte apostolique, que la mort décime sans cesse, et qui voit venir la mort en joignant les mains et en jetant un dernier regard de commisération sur les pauvres qu'elle n'a pu secourir ! Si vous les aviez connues, tendre poëte Gray, vous auriez ajouté pour elles une strophe à votre élégie du cimetière. Ce sont bien ces cœurs animés d'une flamme céleste dont vous avez parlé :

Some heart once pregnant with celestial fire.

Mais ces cœurs ne sont pas éteints comme des fleurs ignorées qui répandent leurs parfums dans le désert, car l'infortune en a connu l'inépuisable douceur, et quand ils ont cessé de battre, leur œuvre, léguée à des âmes de même trempe, ne s'arrête point.

Les pauvres sœurs de Philippeville, apprenant qu'un ministre du roi arrivait près d'elles, sont venues solliciter son secours pour leur école, pour leurs orphelins, pour leurs malades, et leur prière a été accueillie avec une vive sympathie. Un bon et vénérable prêtre est venu en même temps, le curé de la ville, qui avait aussi plusieurs requêtes à adresser au ministre, entre autres une qui l'inquiétait surtout en ce moment. Il devait aller à cinq lieues de distance, à El-Arouch, qui est dans le ressort de sa paroisse, baptiser un enfant; et comme nous devions faire le même trajet, il voulait obtenir de M. de Salvandy la permission de se joindre à lui pour profiter de son escorte. — Le pauvre curé ne pensait qu'à emprunter un cheval et à nous suivre sous la sauvegarde d'une compagnie de spahis. — « Ce n'est pas ainsi que vous devez voyager avec nous, lui a répondu M. de Salvandy : je vous offre une place dans ma voiture; et si l'enfant que vous allez baptiser n'a point de parrain, je demande à être le sien. » Le prêtre, ravi, s'est retiré pour faire ses préparatifs de départ, tandis que nous allions visiter encore quelques quartiers de la ville.

Grâce à son excellente situation, cette ville a, dans l'espace de quelques années, acquis un rapide développement. D'un côté de fertiles vallées l'entourent; de l'autre, la mer lui ouvre son vaste espace. Là, une large route la relie à Constantine et aux autres villes de l'intérieur; ici, un service régulier de bateaux à vapeur la relie à Alger, aux différents points de la côte, et, depuis l'année dernière, un autre service la met en communication directe avec Marseille. Son port n'est pas très-sûr dans toutes les saisons de l'année, mais il est aidé par celui de Stora, et tous deux présentent un mouvement commercial qui s'accroît sans cesse. M. de Vaugrenans, vérificateur des douanes dans cette ville, a bien voulu me remettre sur cette question une notice dont il me semble intéressant d'extraire quelques détails.

C'est par Philippeville que le transit de la province de Constantine doit s'effectuer. L'ordonnance de 1843 a eu pour la marine de cette ville des résultats très-avantageux; d'une part, en élevant les droits de tonnage sur les bâtiments étrangers, elle a ramené le monopole des transports au pavillon national; de l'autre, les modifications apportées au tarif ont repoussé complétement les tissus étrangers au bénéfice des fabriques de la métropole qui, en 1845, par suite de cette réforme, ont placé dans cette partie de l'Algérie, pour une valeur de cinq millions, leurs produits, tandis qu'antérieurement à l'ordonnance, l'exportation des tissus français ne s'élevait qu'au chiffre de deux cent mille francs.

A l'exception des bois de construction que l'on tire du Nord, des fruits et des grains qui viennent directement de l'Italie, le commerce de Philippeville se fait presque entièrement avec la France, et comme les marchandises que l'on importe de notre pays sont exemptes de droits, il en résulte que les recettes de la douane dans ce port ne sont proportionnellement pas aussi considérables que celles d'Oran et de Bone qui, là par le voisinage de l'Espagne, ici par celui de Tunis et de l'Italie, reçoivent beaucoup de marchandises étrangères. Cependant ces recettes qui, en 1839, n'étaient que de cent seize mille quatre cent quarante-quatre francs, s'élevaient déjà dans le premier semestre de 1846 à trois cent trente-sept mille deux cent treize francs.

Quant à l'exportation, elle se compose presque en entier des denrées que fournit le bétail : laine, os, peaux, ce qui ne laisse pas que de faire un chiffre considérable.

Le commerce d'écorces à tan offrait de grands

bénéfices et paraissait devoir prendre une extension de plus en plus importante; mais sur les observations de plusieurs chefs de service, dans l'intérêt de l'aménagement des forêts, la sortie de cette denrée a été interdite.

Malgré cette prohibition fondée sur de sages motifs, le commerce de Philippeville est pourtant, comme on le voit, assez bien noté dans notre budget, et les transports du matériel de guerre, le passage d'une partie des troupes et des fonctionnaires de la province sont pour cette ville un perpétuel élément de calculs lucratifs. Déjà, les hôteliers s'entendent fort bien à tarifer la location de leurs chambres et les jouissances de leur cuisine. Il en est un entre autres qui, par ses procédés ingénieux, mérite d'être cité à part comme un personnage distingué. Ce brave homme s'est fait, selon la hiérarchie sociale, une série d'opinions respectueuses qui se traduisent par ses additions. Ce n'est point la mercuriale du jour, ni le prix des arrivages qu'il consulte pour faire honnêtement son trafic; c'est l'almanach royal et le nobiliaire de France. Tant de titres, tant de chiffres, voilà sa règle. Quant au pauvre peuple, il ne s'en soucie nullement. L'année dernière, M. le duc d'Aumale s'arrêta chez lui, et le lendemain matin, le digne hôtelier lui compta mille deux cents francs pour son souper et mille francs pour sa chambre. Il ne pouvait exprimer en d'autres termes sa profonde vénération pour une altesse royale, pour un prince qui avait gouverné avec une si haute intelligence et de si grandes qualités de cœur la province de Constantine. De plus, comme le prince souffrant avait besoin d'une voiture pour se rendre à Constantine, l'obligeant hôtelier se hâta de tirer de sa remise une espèce de patache qu'il abandonna à M. le duc d'Aumale, pour toute une semaine, sans chevaux et sans harnais, moyennant la petite somme de cinq cents francs. Cette même voiture s'est trouvée préparée pour nous; mais comme elle ne devait servir à transporter qu'un capitaine de vaisseau, deux jeunes gens qui ne sont pas encore pairs de France, et un très-humble individu comme moi, elle nous fut cédée, toujours d'après les mêmes principes de justice distributive, pour la misérable somme de cent francs. Seulement, je déclare que si jamais j'étais destiné à la reprendre, je donnerais volontiers cent francs pour m'en exempter. Que de secousses douloureuses elle nous a fait subir, et que de fois l'excellent capitaine Cuneo d'Ornano, cahoté, secoué, meurtri, sur le rude siége où nous étions assis, a regretté le long du trajet les planches de son bâtiment ! Je dois maintenant une réparation d'honneur à ceux envers lesquels je me suis rendu coupable d'un outrage. Je reconnais qu'il y a quelque chose de plus dur au monde que la *bondkarra* norvégienne et la *telejka* russe, c'est la carriole du premier maître d'hôtel de Philippeville.

C'est une étrange route que celle qui conduit de Philippeville à Constantine, route silencieuse et sauvage, qui souvent étonne le regard, terrifie la pensée et rarement l'égaye : un sol nu et rouge qu'on croirait calciné par l'ardeur du soleil, des chaînes de collines d'une teinte grise et morne, ondulant comme les vagues de l'Océan ; de loin en loin les tentes noires de quelque douar, un ruisseau qui l'hiver bondit impétueusement dans son lit trop étroit, qui l'été se dessèche dans son bassin de sable ; à l'horizon de hautes montagnes, dont les cimes majesteuses et les flancs azurés donnent à cet austère paysage un caractère splendide; de temps à autre un établissement de colon, quelques champs défrichés, qûelques arbres, des maisons solitaires, ouvertes de tous côtés à l'air, à la lumière, comme celles des environs de Paris, et le long de ces collines silencieuses, au milieu de cette âpre et brûlante nature, un chemin de cinq mètres de largeur, dessiné par nos ingénieurs, frayé par nos soldats, et une diligence, une vraie diligence, avec rotonde et coupé, qui part le matin de notre port de Philippeville et arrive le soir dans l'antique cité des rois de Numidie. Vous pouvez vous imaginer, monsieur, la surprise des Arabes à la vue d'une telle route et d'un tel véhicule, eux qui n'ont jamais connu d'autre façon de voyager que de s'en aller à la suite l'un de l'autre par d'étroits sentiers. Cependant ils commencent à prendre goût à ce nouveau moyen de locomotion, et il n'est pas rare de voir dans la voiture de Constantine de vénérables cheiks à barbe blanche assis à côté d'un chasseur d'Afrique et d'une cantinière, et roulant ainsi gaiement vers leurs zemalahs.

VI.

Le premier point de halte que l'on trouve en venant de Philippeville est El-Arouch, un camp de soldats transformé en un village régulier, et qui, pour peu qu'il continue à se développer comme il l'a fait, pourra bien un jour réclamer fièrement le titre de ville. Déjà de belles maisons en pierre remplacent de chaque côte de la route une partie de ses anciens gourbis, de ses cabanes primitives. Un maître d'hôtel, qui a compris les savantes leçons de celui de Philippeville, et qui porte sur sa carte : « Une soupe à l'oignon : douze francs, » construit un vaste édifice, avec salle de concert, cour et jardin, et si on les laissait faire, les *zéphirs* bâtiraient un théâtre.

Vous connaissez sans doute, au moins par ouï-dire, cette curieuse légion à laquelle on a donné, par je ne sais quelle figure de rhétorique, le nom mythologique de zéphirs. Recrutée parmi les mauvais sujets de l'armée, condamnée au régime disciplinaire, asservie à de rudes travaux, mais dominant de toute la hauteur de sa philosophie les vicissitudes du sort, et, comme Figaro, aidant au bon temps, supportant le mauvais, riant de sa misère et tâchant de faire la barbe à tout le monde, cette légion est bien l'un des corps les plus étonnants qui existent, et je ne pense pas qu'il soit possible de rien trouver de semblable dans les deux hémisphères. Il y a là des jeunes gens de bonne famille qui, malheureusement, ont trop vite oublié les principes de vertu qui devaient leur servir de guide; des hommes instruits qui ont employé leur instruction à tout autre chose qu'au développement des idées sages et morales; des écrivains outragés par la fortune, des poëtes incompris, des artistes qui ne demandent qu'une palette et des pinceaux pour éclipser la gloire de Raphaël, et une quantité de ces enfants dégénérés de la civilisation européenne, dont je ne puis mieux faire sentir l'humeur railleuse et bouffonne qu'en les rangeant dans la classe turbulente vulgairement désignée sous le nom de gamin de Paris.

Une compagnie de zéphirs est placée dans chaque ville où l'on entreprend quelques travaux de route ou de fortification. Leurs chefs, par le fait seul qu'ils sont leurs chefs, ont droit à obtenir très-vite un grade supérieur, et je vous assure qu'ils achètent assez cher ce rapide avancement. Nuit et jour, le zéphir a quelques malices en tête et trame quelque tissu plus ou moins noir. Leurs moyens de rapine pourraient servir de modèle aux plus fiers héros de l'aventureuse histoire de Gil Blas, et le récit de leurs exploits occupe souvent en Afrique les veillées du bivouac. Il en est qui conduisent les coupables droit au bagne; il en est qui malgré lui déridest le front du juge qui les condamne. En voici un entre autres qu'on nous a raconté à l'auberge d'El-Arouch, et dont nous n'avons pu nous empêcher de rire.

Dix zéphirs étaient à la salle de police de Bone, lorsqu'un nouveau débarqué passe sous leurs fenêtres, le nez en l'air, regardant d'une façon assez niaise les enseignes et toisant les murailles. « Que cherchez-vous donc, brave homme? » lui dit l'un des rusés matois qui s'amusait de cette badauderie. Le bourgeois, ainsi interpellé, salua poliment celui dont le visage lui souriait à travers une rangée de barreaux, et répondit qu'il cherchait une maison à louer ou à acheter. « Une maison ! reprit le zéphir ; montez ici, j'ai votre affaire. » Par hasard, les gardiens étaient absents, la porte ouverte, et l'honnête homme entra sans difficulté. On l'accueillit avec une politesse empressée ; puis l'orateur de la troupe, reprenant la parole, lui dit : « Vous voulez acheter une maison ? que vous semble de celle-ci ? — Je la trouve assez belle et assez solidement construite. — Vous avez raison. Et cette salle ? — Elle me paraît agréable, et sans ces noirs grillages, elle serait fort bien éclairée. — Les grillages sont une précaution nécessaire contre les voleurs, car il y en a des voleurs dans ce pays, et il faut vous en défier ; mais regardez comme on est admirablement placé ici pour voir la plus grande partie de la ville, le port, l'hôtel des voyageurs, la demeure du commandant. — C'est vrai ; c'est justement un emplacement pareil qu'il me faudrait pour le commerce que j'ai envie d'entreprendre. — Eh bien, si vous le voulez, cet emplacement est à vous. — Comment ! vous voudriez vendre ?....... — Oui. Voilà la chose : mes compagnons et moi, nous avions établi ici un atelier de menuiserie qui a prospéré. Avec l'argent que nous avons gagné, nous allons commencer l'exploitation d'une propriété rurale à quelques lieues d'ici. Déjà toute cette habitation est dégarnie, nous en avons enlevé nos lits, nos meubles pour les transporter à la campagne; nous ne cherchons plus qu'une occasion de vendre une maison qui désormais nous devient inutile; et ma foi, pour peu qu'elle vous convienne, le marché sera bientôt conclu. »

Le marché fut en effet conclu. Le confiant acquéreur, après en avoir quelque peu discuté le prix, tira de sa bourse une somme de deux cent cinquante francs qu'il donna comme arrhes. Les zéphirs s'en allèrent au cabaret pour jouir en toute hâte de cette bonne aubaine, et quand le sergent de garde vint faire sa tournée, il ne trouva dans la volière trop mal gardée que le bon bourgeois, qui contemplait d'un air paterne sa propriété et commençait à planter des clous dans la muraille pour y suspendre ses hardes.

Lorsque le commandant actuel d'El-Arouch vint prendre possession de son poste, les zéphirs placés sous sa surveillance imaginèrent de publier un journal manuscrit consacré à la chronique du lieu et à l'examen raisonné des faits et gestes de leur nouveau chef. Telle mesure avait leur assentiment complet ; telle autre aurait pu, selon leur sage raison, être ajournée ou plus mûrement réfléchie. Le commandant arrêta cette publication au troisième numéro, ce que les zéphirs considèrent comme une flagrante violation de la Charte ; puis ils se consolèrent de cette chute littéraire en se livrant à l'étude et à la mise en scène du répertoire des Variétés et du Vaudeville. Comme leurs dignes frères de La Calle, ils ont organisé un théâtre, mais sur une échelle plus vaste et avec un plus grand luxe. Ici, ils ont acquis, avec les bénéfices de leurs soirées dramatiques, une demi-douzaine de quinquets, des costumes de femme, des perruques, du fard ; ils ont même une décoration qui représente l'intérieur d'un salon. Un d'entr'eux a vraiment un remarquable talent pour les rôles comiques ; un autre joue avec une grâce candide les rôles de jeunes filles.

Le sort de ces malheureux est pourtant digne de pitié. Leurs bataillons sont autant d'écoles perverses où beaucoup de ceux qui n'étaient pas encore entièrement corrompus achèvent de perdre un dernier reste d'honnêteté. Le gouvernement a, dans son propre intérêt, un grave devoir à remplir envers eux, c'est d'employer tous les moyens d'enseignement qui sont en son pouvoir à les moraliser.

VII.

Tandis que nous nous entretenions de l'état de ces compagnies, que les Kabiles, à qui elles inspirent par leurs vives allures une prédilection particulière, appellent les Kabyles français[1], le curé de Philippeville préparait la cérémonie du baptême qui l'avait amené à El-Arouch.

Nous nous rendîmes à la chapelle, une pauvre chapelle en planches, au sol nu, aux lambris nus, décorée seulement d'un drap blanc étendu derrière l'autel. M. de Salvandy servait de parrain à l'enfant, une de ses cousines, mademoiselle A. F..., lui servait de marraine. Tous deux s'avancèrent près

[1] *Journal de M. le duc d'Orléans*, p. 138.

du prêtre, et derrière eux était le père, un vieux maréchal des logis de l'Empire, qui se sentait ému jusqu'au fond de l'âme de l'honneur inespéré qui lui était fait, et qui de temps à autre passait sa main sur sa moustache grise, humectée d'une larme de joie. Nous nous rangeâmes en silence dans l'étroite enceinte de l'édifice. Officiers, sous-officiers, soldats, toute la population militaire et civile d'El-Arouch avait voulu assister à cette cérémonie, et il y avait dans le tableau de cette église primitive, voilée par les ombres du soir et éclairée seulement par la pâle lueur de deux bougies, dans la rustique structure de cette nef remplie d'uniformes de toute sorte, dans l'aspect de cet humble serviteur de l'État, qu'un acte religieux liait à un ministre, un caractère inattendu, extraordinaire qui nous impressionnait vivement. Il me semblait voir une de ces humbles chapelles de feuillage construites par le zèle des missionnaires au milieu d'une île païenne, animée tout à coup dans son isolement par l'arrivée d'un vaisseau français et réjouie par une de ces solennités dont on aime à lire le récit dans les *Lettres édifiantes*. En sortant de l'église, M. de Salvandy et sa cousine dotèrent généreusement leur filleul. Mais son brave père ne jouit pas longtemps de sa bonne fortune; quand nous revînmes de Constantine, l'enfant était mort.

Cette soirée d'El-Arouch m'a laissé un doux souvenir. J'y avais de plus que mes compagnons de voyage une émotion de cœur. J'avais trouvé, en arrivant là, un frère dont j'étais depuis longtemps séparé, qui de sa garnison de Sétif était d'abord venu à ma rencontre à Constantine, et de là au camp où nous devions coucher; un heureux officier de chasseurs qui, dans l'espace de six ans, n'a eu qu'une quinzaine de fois la fièvre, et qui, pour comble de félicité africaine, a eu, dans un combat, la cuisse traversée d'une balle, ce qui lui a valu la croix et un grade de plus, chose que ses camarades ont regardée comme un événement des plus désirables. Car en Afrique, pourvu qu'on se batte et qu'on avance, tout est bien. La croix est la panacée d'une quantité de blessures, et une épaulette fait oublier les douleurs d'un bras mutilé.

VIII.

Nous nous mîmes en route le lendemain matin, mon frère galopant à cheval dans les ravins poudreux, nos deux voitures roulant, comme la veille, de cahot en cahot. Nous traversons les mêmes collines désertes, nous gravissons des montagnes décharnées au bas desquelles un léger ruisseau vivifie une riante végétation. Des chevaux de relais nous attendent au camp de Smendou; un nouvel escadron de chasseurs remplace notre escorte d'El-Arouch. Nous repartons rapidement par une route plus unie qui descend graduellement vers la pente d'un coteau. Une vaste et fertile plaine, arrosée par une rivière écumante, se déroule devant nous. De grands arbres s'élèvent le long du chemin; des champs de blé, de verts enclos s'étendent de tous côtés, et à l'une des extrémités de cette riche vallée quel magnifique spectacle apparaît à nos regards! Une immense chaîne de montagnes aux cimes aplaties, aux flancs escarpés, pareils à une ceinture de remparts, et au milieu de ce cercle gigantesque un large plateau de roc, séparé des autres par un abîme, entouré par une onde impétueuse, isolé dans l'espace comme une île dans le sein des mers. C'est le roc qui a été assailli par toutes les armées qui se sont disputé la possession de l'Afrique, par les Romains et les Vandales, par les Arabes et les Turcs. C'est la forteresse que Massinissa n'osait attaquer avec ses nombreuses légions, que Jugurtha ne parvint à prendre qu'après avoir affamé ses habitants; la forteresse où l'orgueilleux Achmet se riait de nos efforts et répondait au maréchal Damrémont qui le sommait de se rendre : « Si tu manques de poudre, nous t'en enverrons; si tu n'as pas de pain, nous t'en fournirons; mais tant qu'un musulman fidèle restera dans ces murs, tu n'y entreras pas. » C'est la ville dont le nom se trouve écrit avec de pompeuses épithètes dans toutes les annales de l'Afrique, la royale ville de *Cirta,* vantée par Strabon, l'*oppidum opulentissimum* de Hirtius, la *Colonia Sittianorum* de César, et l'un des boulevards de l'empereur Constantin ; c'est la cité aérienne de l'Algérie : c'est Constantine. Montagnes et ravins, torrents fougueux et précipices, tout ce qu'on peut imaginer de plus grandiose et de plus sauvage se trouve réuni pour donner à cette ville l'aspect le plus terrible. L'idée seule d'y monter paisiblement par la route qui tournoie sur un de ses escarpements, semble une tâche difficile. L'idée de s'en emparer de vive force paraît un rêve impossible. Aussi l'on sait ce que cette conquête nous a coûté : un premier échec d'abord, une retraite sanglante, illustrée par Changarnier; puis un second assaut mieux préparé que le premier, où périrent les nobles généraux Damrémont, Perregaux, Caraman, et le vaillant colonel Combes, et tant d'autres officiers et soldats.

Au moment où nous arrivions en face de cette étonnante ville, le soleil dardait ses rayons sur ses murailles blanches, sur ses coupoles de minarets et leur donnait un éblouissant éclat. En même temps, des escadrons de cavalerie, musique en tête, sortaient des remparts avec une troupe de généraux, d'officiers supérieurs et de chefs arabes aux haïks flottants. A l'heure où je vous écris, je vois encore, comme si j'étais là,

Ces cimes que noyait l'océan bleu de l'air [1],

[1] Lamartine.

ces blanches murailles étalées sur les sombres rochers comme un burnous, disent les Arabes, comme un burnous aux larges plis dont la Kasbah serait le capuchon ; je vois toute l'élite de notre garnison avec ses broderies d'or et d'argent, ses armes, ses casques étincelants, ses chevaux galopant dans un tourbillon de poussière; j'entends résonner dans l'air ces cors et ces trombones qui, pour saluer notre arrivée, entonnaient nos chants nationaux ; mais j'essayerais vainement de vous peindre la surprise qu'un tel tableau produisit en nous. C'était une apparition merveilleuse. C'était une féerie de l'Orient dans une des plus belles scènes de la nature, unie à la splendeur de la civilisation européenne.

La troupe brillante nous rejoignit au bas de la montagne. M. de Salvandy descendit de voiture pour tendre la main à M. le général Bedeau qui venait le recevoir avec tant de pompe à l'entrée de sa capitale. Pendant ce temps, chacun de nous cherchait dans le cortége du général un ami auquel on songeait de loin et qu'on s'attendait à voir. Pour ma part, j'en avais deux dont le cordial accueil n'a pas peu contribué à me faire chérir la résidence de la vieille Cirta. Après les embrassades et les cris d'affection réciproques, nous nous remîmes en marche précédés d'un cavalier qui, comme dans les pièces de Shakspeare, où la bouffonnerie se mêle aux plus majestueux élans de la pensée poétique, joignait une image grotesque aux images grandioses dont nous étions entourés. C'est un petit bonhomme qui est devenu une des curiosités de Constantine. Haut de trois pieds tout au plus, plus maigre et plus chétif qu'un jockey aminci par un jeûne de rigueur à la veille d'une course anglaise, ses pieds atteignent à peine au ventre de son cheval, ses mains peuvent à peine tenir une bride, et il n'est pas un coursier arabe qu'il ne monte hardiment et dont il ne dompte l'impétuosité. Les officiers l'ont surnommé Jugurtha; et Jugurtha est de toutes les fêtes et de toutes les revues, caracolant sur le flanc des troupes, s'élançant dans les passages les plus difficiles, franchissant d'un bond intrépide rochers et torrents. Les jours de parade, il trouve toujours quelque bonne âme qui, pour égayer la journée, lui prête un cheval. Le plus difficile à manier est celui qui lui va le mieux. On l'affuble d'un pantalon rouge dans lequel il entrerait aisément tout entier, d'un dolman de hussard qui lui traîne sur les talons, d'un schako à peu près aussi grand que toute sa personne. Lui-même se dessine avec du charbon deux fières moustaches, et dans cet équipage qui l'enchante, il commence ses tours de force. Mais lorsque ces heures d'apparat sont passées, on peut voir le philosophique Jugurtha se dépouillant de ses magnifiques vêtements, abdiquant, comme un autre Dioclétien, ses grandeurs, et, le corps couvert d'une simple chemise en toile, courant dans la rue avec les enfants de son âge, comme s'il n'avait jamais connu les enivrements de sa royauté.

Nous entrâmes dans Constantine par la porte mémorable à laquelle nous avons donné le nom de Porte de la Brèche. C'est par là que, le 12 octobre 1837, le colonel Lamoricière s'élança le premier à la tête de ses zouaves, suivi bientôt du colonel Combes, qui devait y trouver la mort, puis du colonel Corbin. C'est par là que notre drapeau est entré, non sans une lutte désespérée, mais victorieusement, et il était temps. Nos vivres, nos munitions, étaient épuisés; nos chevaux, affamés, se rongeaient l'un à l'autre la queue et la crinière;

nos soldats, accablés de fatigues par des travaux de tout genre, par des torrents de pluie qui pendant huit jours avaient détrempé le sol où ils devaient traîner les batteries, et les bivouacs où ils essayaient de reposer, nos pauvres soldats, languissants, malades, n'étaient soutenus que par un dernier élan de courage et une dernière espérance. Si notre assaut avait échoué, c'en était fait encore de cette seconde expédition; et le résultat en eût été plus déplorable que celui de la première, car nous aurions été obligés de laisser sur le terrain nos pièces d'artillerie, nos caissons, et probablement une partie de nos blessés.

L'ancien état et les anciens monuments de Constantine ont été décrits par plusieurs voyageurs, et M. Dureau de La Malle a consacré à l'étude de la province dont cette ville est le chef-lieu un livre spécial composé de documents antiques et modernes; mais je ne sache pas qu'aucun écrivain français l'ait entièrement dépeinte depuis notre conquête, et j'essayerai de suppléer à ce silence à l'aide de mes propres impressions et des renseignements puisés dans le livre de M. Wagner, qui accompagnait nos troupes au siége de 1837, et qui dans le cours de son exploration algérienne a fait sur divers points d'utiles et sages observations.

Le point le plus élevé de Constantine, la Casbah, est à deux mille cent pieds au-dessus du niveau de la mer, et la masse de ses édifices couvre un espace de cent vingt-neuf mille pieds. Ritter, dans sa géographie, a évalué sa population à trente mille âmes. Ce chiffre est exagéré. A la prise de cette ville, après les pertes qu'elle avait éprouvées, la population indigène n'était guère que de quatorze mille âmes, dont six mille Maures, quatre mille Turcs et Kourouglis, trois mille Juifs, et mille individus de différentes races africaines : Kabyles, Nègres, Mosabites, Biskris, etc.

La plupart des Juifs, des Kourouglis et des Maures font le commerce, mais un petit commerce de détail qui ne s'étend pas au delà des choses nécessaires aux besoins journaliers de la vie. Il ne faut point s'attendre à trouver dans leurs rangées de boutiques sombres, étroites, rien qui ressemble aux vastes bazars de Constantinople, de Smyrne, ni de quelques autres villes orientales demoindre importance. La plupart ne présentent qu'un étalage de souliers et de sandales, de pipes et de selles, de chapelets et de miroirs, de tabac et de café ; quelques-unes seulement sont garnies de pantoufles brodées, de cordons et de bourses, et d'autres ouvrages en soie et en or, mais bien moins élégants que ceux qui sortent des industrieux ateliers des Maronites de Syrie.

« Avant la conquête française, l'industrie des marchands et des ouvriers n'était alimentée, dit M. Wagner, que par quelques riches Turcs qui vivaient de leurs rentes, ou des bénéfices de leur profession guerrière et par les Arabes de la campagne qui, méprisant le luxe des villes, n'achetaient que ce dont ils avaient réellement besoin. Les habitants de Constantine trouvaient une autre ressource dans l'emploi de leurs bêtes de somme. Presque chaque famille possédait quelques ânes ou quelques mulets avec lesquels elle transportait diverses denrées, soit à l'intérieur de la ville, soit à Tunis. Les caravanes de Tombouctou, de Bornes, de Gadams lui enlevaient le transport d'une partie des cargaisons du sud. Mais celles de Tuggur et de quelques districts des Mosabites en conduisant à Tunis les produits de leur sol passaient par Biskra et Constantine. Avant la prise de cette ville, on s'était fait une merveilleuse idée des trésors qu'elle devait renfermer. Les soldats, qui n'avaient trouvé aucune magnificence arabe ni à Alger, ni à Bone, ni à Oran, s'imaginaient que tout le luxe oriental était concentré dans la résidence d'Achmet. C'est là qu'ils croyaient voir les fabriques de soie, les étoffes éclatantes, les fabriques de tissus d'or. Constantine leur apparaissait comme le centre de l'industrie mauresque. Mais nous n'avons rien vu de toutes ces belles choses, et je doute que tout ce qu'on recueillit dans la ville valût l'assortiment d'un seul magasin de modes du Palais-Royal. Pendant mon séjour à Constantine, et plus tard en retournant à Bone, les soldats mettaient publiquement en vente ce qu'ils avaient ramassé de côté et d'autre. Dans cette exhibition publique on ne pouvait remarquer que quelques yatagans chargés d'ornements en or et en argent. Des juifs, qui s'étaient mis à la suite de l'armée avec l'espoir de faire quelque bon coup de commerce, furent amèrement trompés dans leurs projets. Sur le marché qu'ils examinaient d'un regard inquiet, ils ne virent que des étoffes assez brillantes autrefois, mais maintenant fanées, éraillées et n'offrant plus qu'une très-faible chance de bénéfice. Le plus clair du butin ce furent les provisions qu'on découvrit dans différents quartiers de la ville, et l'argent amassé dans la maison de Ben-Aïsse qui se préparait à le distribuer aux soldats pour ranimer leur ardeur. »

Il y avait à Constantine, en 1837, une vingtaine de constructions religieuses servant de tombeaux aux marabouts, et une dizaine de mosquées, mais très-simples et très-ordinaires. Le pavé de leur enceinte était couvert de tapis, que les soldats eurent bientôt enlevés. Puis une de ces mosquées fut convertie en église, et plusieurs autres furent transformées en casernes et en magasins à fourrage.

Le plus remarquable édifice de cette antique capitale est le palais du bey, qui est situé presqu'au centre de la ville, et qui, avec ses cours, ses bains, ses jardins, forme à lui seul une sorte de bourgade. Ce n'est pas un des chefs-d'œuvre de l'admirable architecture mauresque, c'est pourtant sans contredit le plus bel édifice de ce genre qui existe dans la régence d'Alger. Il se compose de huit bâtiments rejoints l'un à l'autre et dépassant la hauteur des habitations qui l'entourent. A l'extérieur, il n'a rien qui séduise les regards, et il est situé dans une rue étroite. Mais dès qu'on a franchi le seuil de sa porte, et qu'on pénètre au milieu de sa vaste colonnade, on est émerveillé de la richesse, de l'élégance, de la symétrie de cette structure de marbre. Les larges salles ouvertes de chaque côté de sa galerie étaient du temps d'Achmet d'une noble simplicité. On n'y voyait point ces ornements bizarres qui souvent déparent l'intérieur des édifices mauresques. Au lieu des revêtements de faïence qui ornent une grande partie des maisons d'Alger, les murs de ces salles étaient couverts de peintures à fresque représentant des batailles navales, des navires entassés confusément l'un sur l'autre et tirant leurs bordées, puis quelques villes mahométanes dont le peintre avait eu heureusement la pensée d'écrire le nom, sans quoi on n'eût pas deviné que son intention était de figurer le panorama de Constantinople, du Caire, de Tunis, de Constantine. Au beau milieu de cette dernière ville s'élevait la Casbah avec un drapeau rouge, et la demeure du bey avec cette inscription : « Ce château éblouit par sa beauté les yeux de ceux qui le contemplent. El-Hadschi Achmet-Pacha est le sultan qui l'habite. Puisse Dieu lui donner la victoire sur la race des infidèles! Allah a dispersé ses ennemis comme le vent disperse les tourbillons de sable. Que sa gloire et sa puissance s'accroissent sans cesse, et qu'Allah lui donne des palais dans son paradis, avec des millions de houris! »

La Casbah ou citadelle qui domine la ville est entourée d'un fort rempart dont la construction remonte peut-être au temps de Constantin. On voit dans cette citadelle une église de style byzantin, assez bien conservée. La porte d'entrée est au nord-ouest, la place de l'autel à l'extrémité de l'édifice. Cette église était occupée, ainsi que les autres parties de la forteresse, par les officiers et soldats d'Achmet. A l'ouest de la Casbah est un rocher taillé à pic et tombant perpendiculairement dans la vallée du Rummel. C'était du haut de cette pointe escarpée qu'on précipitait dans l'abîme les femmes infidèles, les hommes qui s'étaient rendus coupables de quelques grands crimes, et les Juifs.

Vous connaissez trop bien, monsieur, par les minutieuses descriptions qui en ont été faites, l'El-Kantara, le magnifique pont romain de Constantine, pour que j'ose entreprendre de vous en parler. Vous savez que c'est l'une des constructions les plus hardies, les plus imposantes qui existent. Il rejoint la ville au plateau de Mansourah, et les travaux de réparation qu'on y a faits, il y a un demi-siècle, n'en ont point altéré la forme primitive. Tel il était au temps d'Edrisi, tel il est encore aujourd'hui, on peut le dire, avec ses cinq arches de trois cent douze pieds de hauteur et de trois cent dix de longueur.

Au-dessous de ce pont se déroule dans sa riante étendue la vallée du Rummel, avec son onde argentée, sa fraîche verdure, ses forêts de grenadiers, de mûriers, entremêlés de quelques dattiers. Quoique du sein de cette vallée on n'aperçoive qu'une partie de Constantine, c'est pourtant de là que la ville se montre à son point de vue le plus grandiose. On est là au pied de ces murailles de roc sur lesquelles elle s'élève à huit cents pieds de hauteur. Le Rummel tombe d'un de ces rocs en trois cascades, puis se perd dans les entrailles du sol, et bientôt reparaît écumant, bondissant, enlaçant dans ses flots impétueux les blocs de granit immobiles et les troncs d'arbre aux larges rameaux, mêlant le fracas de ses ondes aux cris sauvages des corneilles, des vautours, qui tourbillonnent dans l'abîme. C'est une scène d'un effet prodigieux que l'on pourrait comparer aux sites les plus surprenants du Tyrol, de la Suisse, des Pyrénées, n'était cet éclat de la végétation africaine qu'on ne trouve ni dans les Alpes, ni dans les Pyrénées, et ce nid de condor qui s'élève au sommet du précipice, cette ville dont les Arabes disaient dans leur pittoresque langage : « Constantine est une pierre au milieu d'un fleuve, et, d'après l'avis de nos prophètes et de nos marabouts, il faut autant de Français pour enlever cette pierre que de fourmis pour enlever un œuf du fond d'un pot de lait. »

De toutes nos cités algériennes, Constantine est celle qui a le mieux conservé son caractère primitif. Les frères de la Doctrine chrétienne y ont fondé une école ; les sœurs de la Charité y ont établi un pensionnat et une infirmerie. Une mosquée, la plus belle de toutes, a été, comme nous l'avons dit, transformée en église catholique. La place, les rues qui avoisinent le palais du bey ont été élargies et reconstruites en partie selon le goût européen. Mais quelques autres ont changé de nom sans changer d'aspect; et la plupart des quartiers ont conservé, sans modification aucune, leur réseau de ruelles sales et tortueuses, leurs maisons grossièrement bâties, fermées à l'intérieur comme celles d'Alger, mais recouvertes en tuiles; car ici, le climat, assez rigoureux en hiver, ne permet point l'emploi des terrasses. En été, les Arabes, au lieu de coucher sur le faîte de leur habitation, couchent sur le seuil de leur porte. Le soir, quand on s'aventure dans le dédale de ces carrefours que nulle lumière n'éclaire, on se heurte à tout instant contre le corps de quelque indigène étendu sur le pavé, qui se relève d'un bond subit, puis qui, entendant le cliquetis d'une botte éperonnée et d'un sabre de cavalerie, se rejette sur sa couche poudreuse, en marmottant quelques mots inintelligibles, en invoquant peut-être le secours d'Allah pour la destruction des infidèles.

Le palais du bey est occupé par M. le général Bedeau, gouverneur de la province. Je conserve un doux souvenir des quelques instants qu'il m'a été permis de passer près de ce chef si distingué. Peu d'hommes m'ont autant frappé dans ma vie par un aussi heureux mélange de qualités sérieuses et de qualités aimables. Au courage du soldat, il unit la perspicacité d'un administrateur habile et prudent. Dans des occasions difficiles, il a donné à ceux qu'il commandait l'exemple de la bravoure, de la fermeté, et dans divers postes confiés à sa direction, il a su rétablir l'ordre. A ses connaissances militaires, à son intelligence pratique, il joint une instruction littéraire variée et choisie. Il étudie sans cesse, et s'étudie lui-même à développer les dons de sa nature, et l'attrait d'une parole élégante et élevée. C'est un esprit d'élite sous une cuirasse d'acier. La retraite du gouverneur général, les élections, le ministère peuvent ouvrir à M. le général Bedeau une nouvelle carrière. Quel que soit le poste important auquel il se trouve appelé, tous ceux qui le connaissent sont convaincus qu'il le remplira noblement et y rendra de précieux services à son pays.

Après quelques jours de station à Constantine, trop peu nombreux malheureusement et trop rapides, nous avons dit adieu aux arches de l'El-Kantara, au poétique vallon du Rummel, pour retourner sur la plage de Philippeville :

> Och Bœliorna sjunga ater sin Sang
> Och klinga, till Siœss, Till Siœss.

Les vagues chantent de nouveau leur chant, et nous disent : A la mer ! A la mer !

Nous remontons à bord de notre fidèle *Montezuma*, qui, pour laisser dans notre mémoire une plus vive empreinte des beautés de l'Afrique, ralentit sa marche, ou s'arrête sur tous les points de la côte dont l'aspect séduit nos regards.

Dans le cours de cette traversée, M. de Salvandy a voulu visiter Djidjeli, pauvre garnison cernée, comme celle de Bougie, par les Kabyles, mais plus solitaire encore, plus abandonnée à elle-même, et ne recevant qu'à de longs intervalles des nouvelles de France par quelque bateau à vapeur ou quelque bâtiment de commerce. M. le ministre trouva le commandant de place et ses officiers réunis dans un cabinet de lecture, qui, dans leur retraite inanimée, est à peu près leur unique distraction. La semaine précédente, ils avaient vu passer la frégate qui nous emportait vers Bone, et ils se demandaient si, à notre retour, nous nous arrêterions près d'eux. Un jeu de cartes était sur la table; la veille, dans leur inquiet désir, ils avaient interrogé ses images prophétiques : ils avaient fait ce qu'on appelle une *patience* pour savoir s'ils seraient délaissés dans l'itinéraire ministériel. M. de Salvandy revint très-touché de leur situation. Sa visite aura été pour eux, je l'espère, une consolation et un encouragement.

Encore un peu de patience, monsieur, et je termine ma correspondance algérienne par le récit de notre excursion aux frontières du Maroc.

LETTRE QUATRIÈME

SOMMAIRE.

Mostaganem. — Oran. — Djemma-Gazouat. — Gibraltar. — Cadix. — Tanger.

I.

Cette fois, monsieur, nous partons pour les districts de l'Algérie qui ont été le théâtre de la guerre la plus acharnée, pour la région où la voix d'Abd-el-Kader a toujours soulevé contre nous un fanatisme ardent. Nous allons voir cette terre sanglante qui a été son premier champ de bataille et qui est devenue son dernier refuge, ces forteresses conquises à la chrétienté par le généreux Ximenès, et rendues par nos armes à la chrétienté. Je ne puis vous promettre de vous montrer, chemin faisant, la belle et mâle figure de ce terrible émir, qui aurait un si grand succès dans les salons de Paris, si au lieu de persister dans son inflexible mission, il se laissait aller un jour à l'agréable pensée de venir s'asseoir au foyer du peuple français, de boire du vin de Champagne, de demander des lettres de grande naturalisation, de se passionner pour le service de la garde civique et pour les joies électorales, toutes choses charmantes qu'il ignore comme un barbare, et qu'il me paraît peu disposé à connaître. Depuis le traité de Mogador, je ne sais si l'élu du marabout de Bagdad est interné ou non; ce qu'il y a de sûr, c'est qu'en parcourant la côte de sa chère province de l'ouest, on ne le voit pas. Mais en revanche, si vous voulez bien encore m'accompagner dans cette nouvelle excursion, je tâcherai, monsieur, de vous faire voir quelques-uns des lieux sur lesquels il a concentré ses efforts, et qui, par l'héroïque courage de nos soldats, ont ajouté une page glorieuse à nos glorieuses annales.

La première ville où nous nous arrêtons en venant d'Alger est Mostaganem, qui est en notre possession depuis 1833. Une partie de ses constructions, qu'on appelle la Marine, s'élève au bord de la mer. La ville même est à un quart de lieue de là, sur un plateau de sable et de craie de trois cents pieds environ de hauteur. C'est une des anciennes cités de l'Algérie. Une inscription placée sur une de ses mosquées dit qu'elle fut construite par des bergers qui, ayant conduit leurs troupeaux de brebis sur ce sol couvert de gazon, ne pouvaient plus les en arracher. Il faut croire qu'en plus d'un endroit les avides brebis ont tout dévoré, car à une lieue de Mostaganem, on ne voit qu'un sol aride et sablonneux. Mais les bords des ruisseaux qui le sillonnent sont couverts d'une végétation qui justifie ce que plusieurs voyageurs ont raconté de la fécondité de ce territoire. On trouve là une quantité de plantes qui grandissent rapidement; le citronier s'y développe mieux que dans les campagnes d'Alger, et l'on y cultive avec succès le hennah, cet arbuste dont les femmes arabes ont si grand besoin pour se teindre chaque jour les ongles et la paume des mains.

Les maisons de Mostaganem sont pour la plupart petites et assez grossièrement bâties. Tous nos soldats n'ont pu y trouver place. Un très-grand nombre campent au dehors des murs, dans des cabanes en bois, où nous n'avons pu les voir sans un profond sentiment de pitié. La plupart couchent sur une planche élevée à un demi-pied au-dessus du sol et couverte d'une mince paillasse ; d'autres n'ont pour lit qu'une toile suspendue à leurs piquets comme un hamac. Les pauvres gens sont là entassés l'un près de l'autre, souffrant à la fois de l'ardeur de la température, de l'humidité du sol, de tous les inconvénients qui, dans cette contrée, engendrent si aisément la fièvre. Les officiers occupent des pavillons en planches, où ils sont aussi très-étroitement logés et condamnés à de nombreuses privations ; cependant on les voit poursuivre sans se plaindre leur rude service et rire gaiement de leur misère. En quelque lieu que j'aille, je ne me lasse pas d'admirer la philosophique résignation de cette courageuse armée d'Afrique.

A l'époque où nous sommes entrés à Mostaganem, on y comptait cinq mille habitants, dont deux mille huit cents Maures, mille huit cents Turcs et Kourouglis, et plusieurs centaines de Juifs. La population indigène a peu diminué, la population européenne s'est accrue. On a construit plusieurs vastes maisons dans divers quartiers, mais il est bien regrettable qu'on n'en ait pas encore construit assez pour y loger entièrement notre garnison.

Quoique cette ville ait eu depuis longtemps une certaine importance, on n'y trouve aucun monument digne de remarque. Ses neuf mosquées étaient d'une structure fort ordinaire. Cinq ont été employées à notre usage; la plus grande est devenue un hôpital. Le château, bâti en solides pierres de taille, est tombé en ruines. Les Arabes l'appelaient la forteresse des Cigognes, qui sont pour eux des oiseaux protégés par la superstition populaire, mais par une superstition moins respectable que celle de quelques peuples de l'Europe, notamment des bons habitants de la Hollande. Une tradition du pays rapporte que Mahomet changea en cigognes une troupe d'Arabes qui avaient la criminelle audace de piller les pèlerins de la Mecque; et comme nul Arabe n'est sûr de ne pas avoir dans sa parenté quelque voleur de grand chemin, nul d'entre eux n'ose tirer sur une cigogne, de peur de tuer sous la plume blanche de l'oiseau nomade un de ses vénérables aïeux.

Nous avons été reçus à Mostaganem par M. le général Pélissier, dont l'aimable et gracieuse physionomie ne ressemble guère à celle que lui ont faite les journaux. Les accusations de la presse parisienne, répétées par les échos de la province, ne l'ont point intimidé, et lui-même parle sans embarras de la catastrophe qui a attiré sur lui tant de cris d'indignation. L'insurrection du Dahra, comprimée sur plusieurs points, résistait encore sur quelques autres aux efforts de nos troupes. Il fallait à tout prix écraser ce foyer de révolte, qui, si on le négligeait, pouvait en peu de temps se ranimer et répandre au loin le désastre et la ruine. Parmi les tribus les plus rebelles était celle des Ouled-Riah, que nous n'avions jamais vaincue. Fière de sa sauvage indépendance, elle se sentait enhardie encore dans ses luttes opiniâtres par le voisinage de ses grottes profondes, où elle pouvait, en cas d'échec, trouver un refuge assuré et se soustraire aux poursuites de ses ennemis victorieux. Ce fut dans une de ces grottes que, le 17 juin, douze cents Arabes se rassemblèrent, guidés par les marabouts les plus fanatiques, et résolus à se défendre jusqu'à la dernière extrémité. Le général Pélissier y transporta sa colonne. De l'entrée de cette retraite, des interstices du roc, partaient des coups de fusil habilement dirigés. Dans cette situation, les

Arabes avaient sur notre petite armée un avantage immense : ils la voyaient et n'étaient pas vus ; ils lançaient leurs balles sur elle, et restaient à l'abri des siennes. Entrer de vive force dans cette grotte, c'était chose impossible ; en faire le siége, c'était livrer une quantité de soldats à une mort certaine ; s'éloigner, c'était nous donner aux yeux des tribus en révolte un caractère de faiblesse déplorable. Le général, après avoir réfléchi à ces divers périls, prit une autre résolution. Il fit jeter à l'entrée de la grotte des fascines enflammées pour montrer aux Arabes qu'on pouvait les asphyxier, puis les somma de rendre leurs armes et leurs chevaux. Les Arabes s'y refusèrent, et tirèrent même avec une froide atrocité sur quelques femmes qui, dans leur épouvante essayaient de s'enfuir. On jeta de nouvelles branches d'arbres sur le bûcher, puis on envoya aux rebelles un parlementaire pour les déterminer à se rendre. Ils le reçurent à coups de fusil, alors les soldats entassèrent les fagots aux deux ouvertures de la grotte et rallumèrent le feu. On espérait par ce dernier moyen de rigueur émouvoir enfin cette inflexible tribu et vaincre sa folle obstination ; mais tout à coup le vent attisant les flammes et chassant dans l'intérieur de la caverne les étincelles pétillantes et les tourbillons de fumée, porta la mort et le désastre là où nous ne songions qu'à répandre une crainte salutaire. Toutes les fascines étant embrasées à la fois, il fut impossible de les éteindre ou de modérer l'ardeur de cet incendie. En quelques instants, la grotte fut remplie de flammèches, de tisons et de fumée : tous ceux qui étaient là périrent d'une mort affreuse ; on entendit leurs accents de rage et de désespoir, les lamentations des femmes, les cris de douleur des enfants, les hurlements des chiens, et les détonations des fusils que la chaleur faisait partir. Mais il n'était plus au pouvoir de l'homme de sauver ces malheureux ou de les secourir. Le lendemain seulement, on put entrer dans la grotte, et l'on y trouva un millier de cadavres humains mêlés sur le sol à des cadavres d'animaux. Cet événement terrifia les tribus qui essayaient de lutter encore contre nous, et elles se hâtèrent de faire leur soumission. A Dieu ne plaise que nous désirions jamais livrer nos ennemis à un tel supplice et les écraser par un tel drame ! Cependant il n'est peut-être pas inutile d'observer que la guerre contre les Arabes oblige à des rigueurs que l'opinion publique condamnerait en Europe comme des monstruosités. Les Arabes ne sont que trop disposés à regarder tout ménagement d'humanité comme un signe de faiblesse, et ils usent envers nous, chaque fois que l'occasion s'en présente, d'un régime de cruauté qui nous conduit forcément à des représailles de même genre. Qu'on suppose à la place des Ouled-Riah quelques-uns de nos bataillons renfermés et cernés dans les cavernes du Dahra; il est certain que les Arabes ne leur auraient pas offert la moindre capitulation, ou les auraient, après de perfides promesses, traités sans pitié. En 1788, le major Stein se réfugia avec un corps de troupes autrichiennes dans une des grottes du Danube, à quelques lieues d'Orsova. Les Turcs lui ayant fermé toute issue, et l'ayant réduit à la famine, il fut forcé de capituler, et lorsqu'il sortit de sa retraite sur la foi des traités, les Turcs le massacrèrent avec tous ses soldats. Ce que les Turcs ont fait en Hongrie, à Nicopolis et en Orient, dans toutes leurs guerres contre les chrétiens, les Arabes le feraient sans hésiter dans leur lutte contre nous. Le même fanatisme les enivre, et ils éprouvent la même joie religieuse à voir couler le sang d'un *chien d'infidèle*. Encore une fois, loin de nous, bien loin de nous la pensée de vouloir mettre en pratique leur système d'atrocités; nous sommes les plus forts, et nous pouvons ennoblir notre force par notre générosité; mais soyons au moins assez justes pour tenir compte à nos officiers, à nos soldats, de la position difficile où ils se trouvent souvent engagés, et ne pas faire peser sur eux comme un crime le résultat d'une catastrophe involontaire ou le fatal effet d'une rigoureuse nécessité.

Près de Mostaganem nous avons été voir un pacifique établissement où il est doux d'observer les fruits du labeur et de l'industrie. C'est une vaste ferme confiée à la direction d'un officier intelligent qui a fait sur cette terre féconde diverses expériences agricoles couronnées d'un plein succès. Il y a là tout ce qui constitue une riche et complète maison rurale : larges champs couverts chaque année de moissons abondantes, frais enclos remplis d'arbres de différentes sortes, pépinières et potager, jardins de luxe et pâturages. On y a joint depuis quelques années un haras qui renferme les plus admirables chevaux qu'il soit possible d'imaginer. Cette belle et fructueuse exploitation doit servir de modèle à la population européenne de Mostaganem, et donner à nos colons un exemple de ce qu'ils peuvent attendre du sol d'Afrique en y jetant quelques plantes, en y creusant quelques sillons.

Ce qui surprend et charme sans cesse l'artiste, le voyageur sur la côte algérienne, c'est cette variété de sites extraordinaires et cette chaude lumière qui les revêt d'un éclat splendide : tantôt des masses de rocs où nulle herbe ne verdoie, mais qui brillent au soleil comme des lames de cuivre d'un rouge ardent, tantôt d'étroits vallons pleins d'ombre et de fraîcheur comme ceux de la Suisse, tantôt une plaine de sable aride et silencieuse, abandonnée par le pâtre et le laboureur, traversée seulement de loin en loin par quelque lente caravane de chameaux, et sur les bords de cette plaine déserte des oasis arrosées par une eau vivifiante, des fleurs, des fruits, tout le luxe éblouissant d'une végétation des tropiques; ici les tentes noires des douars; là l'industrieux établissement d'un colon, et de tout côté les cimes gigantesques de l'Atlas, et les vagues de la Méditerranée reflétant dans leur miroir d'azur tous les rayons du jour, tous les astres argentés de la nuit.

Quoique les villes africaines aient été en grande partie construites par le même peuple, habitées par les hommes de la même race, elles se ressemblent aussi peu que si elles appartenaient à diverses contrées. L'aspect d'Alger ne donne pas une idée de celui de Constantine, et le panorama de Bone, de Bougie, de Cherchell ne prépare point l'esprit à celui d'Oran. De toutes les cités qui bordent le littoral, Oran est peut-être celle qui étonne le plus les regards habitués à l'effet des constructions mauresques. L'Espagne l'a pendant deux siècles et demi tenu en son pouvoir, et, sans effacer complétement sa physionomie arabe, lui a donné un caractère européen. Puis la France est venue, après un intervalle de cinquante années, continuer et agrandir l'œuvre de l'Espagne. A la place de ces ruelles étroites et tortueuses, de ces maisons en plâtre des villes turques, voici de larges rues qui montent en droite ligne sur la pente des coteaux, des places spacieuses, des maisons à deux ou trois étages, égayées par des boutiques et des magasins de toute sorte, deux quartiers qui couvrent toute l'étendue de deux vastes plateaux, et au milieu de ces plateaux, un ravin rempli d'élégantes habitations et de riants jardins, un collier d'émeraudes entre deux bracelets d'argent. A gauche, sur les flancs d'une colline, est le Château Neuf, immense et magnifique édifice, occupé par le gouverneur de la province et son état-major; au haut de la ville, un champ de manœuvres auquel nous avons donné le nom de place Napoléon et qui est le theâtre de toutes les parades militaires, de toutes les fêtes civiles; sur les montagnes qui s'élèvent du côté de la mer, des forteresses espagnoles que le tremblement de terre de 1791 n'a pu ébranler, et au-dessus de ces forteresses, un marabout que les Arabes contemplent avec orgueil, comme s'ils voyaient dans cette construction, qui domine le drapeau tricolore, un signe d'espoir, un emblème de l'ascendant qu'ils aspirent à reprendre sur leurs maîtres actuels.

M. le général Lamoricière, gouverneur d'Oran, était en France quand nous arrivâmes au chef-lieu de son gouvernement. Mais nous avons trouvé dans les beaux salons du Château Neuf M. le général d'Arbouville, qui allie à toutes les qualités d'un excellent militaire, l'esprit gracieux de l'homme du monde et les talents d'un habile administrateur.

Le *Montezuma* nous a débarqués le soir sur un large quai, où une troupe de Maures se disputait autour de nous le privilége d'emporter nos bagages. Le lendemain, dès le matin, l'arrivée de M. Salvandy mettait toute la ville en mouvement. Les soldats étaient sous les armes, les marchands sur leur porte, une foule de curieux aux fenêtres, une foule d'autres suivait les tambours et les clairons pour ne rien perdre des mouvements de la revue guerrière et du cortége ministériel. Des cantinières, leur panier au bras, couraient rejoindre les bataillons pour *rafraîchir la victoire*, des fiacres et des cabriolets couraient encore plus vite, emportant au lieu de la parade les belles dames et les élégants de la ville. Partout on voyait une animation, un air de fête d'une nature européenne. Au milieu de cette agitation générale, je m'en allais de rue en rue, musant, flânant et éprouvant un vrai sentiment d'orgueil national à voir cette cité africaine que les Espagnols n'avaient pu conserver et à laquelle nous donnions une nouvelle vie.

Vers midi, la chaleur était si forte qu'il était impossible de continuer mes pérégrinations, même le long des tiges de trembles, dont les longs rameaux ombragent la rue qui porte le nom du général Letang. Je me réfugiai dans une jolie maison décorée d'une enseigne qui m'annonçait un cabinet de lecture. Je trouvai là les derniers numéros des journaux de Paris, les derniers volumes de nos publications les plus récentes. Rien ne manquait à cette cité africaine pour me rappeler l'image d'une de nos cités de province, et de plus j'avais sous les yeux des berceaux d'orangers, des groupes de figuiers comme on n'en voit point en Provence, et des monuments mauresques entourés de nos constructions modernes, comme la race originale qui les a élevés et que nous entourons de notre pouvoir. Alger et Constantine ont fait sur moi une vive impression; celle que j'ai éprouvée à Oran avait je ne sais quoi de plus doux et de plus intime. Il m'a semblé que j'étais là plus loin de la barbarie et plus près de l'Europe. Cette ville a d'ailleurs, avec les arbres qui la décorent, le frais vallon qui la traverse, les montagnes agrestes qui l'environnent, les flots de la mer qui baignent le pied de ses collines, une sorte d'apparence champêtre qui conduirait aisément la rêverie du voyageur à l'idylle. C'est pourtant la capitale de la province qui a été la plus agitée par la fanatique ardeur d'Abd-el-Kader.

« L'histoire d'Oran, dit M. Ad. Joanne, à qui nous devons d'intéressantes notices sur l'Afrique, l'histoire d'Oran se lie intimement à celle d'Abd-el-Kader. Quand les Arabes se révoltaient, — ce qui leur arrivait souvent, — les Turcs, qui finissaient toujours par les soumettre, ne leur accordaient aucun quartier. Un jour, Mohammed-Mekallech avait envoyé mille têtes à Alger. Une autre fois, Hassan, redoutant l'influence croissante des marabouts, fanatiques que les Arabes regardent comme des saints, s'était décidée à faire périr les plus influents. Sur son ordre, ses cavaliers montèrent à cheval et allèrent décapiter dans leurs tribus tous les marabouts qui leur avaient été signalés comme suspects. Ils n'en épargnèrent qu'un seul, le plus célèbre, le plus dangereux, leur chef en quelque sorte, qu'ils amenèrent à Oran avec son fils, devant Hassan, pour qu'il pût en faire justice lui-même. Hassan, après les avoir interrogés, donna l'ordre de les exécuter. Mais sa femme, qui exerçait sur lui un grand empire, demanda et obtint leur grâce. Toutefois, ils restèrent en prison. Un an après leur arrestation seulement ils furent remis en liberté, et ils partirent pour la Mecque. C'étaient Sidi-el-Hadji-Mehèddin, le père d'Abd-el-Kader, et Abd-el-Kader.

« Ce fut aussi sous les murs de cette ville, où il avait si miraculeusement échappé à la mort, que plusieurs années après Abd-el-Kader fit ses premières armes, en 1832. La nouvelle de la prise d'Alger avait été pour le beylick d'Oran le signal d'une insurrection générale des populations arabes contre les Turcs. Le bey Hassan, menacé en même temps par l'empereur du Maroc, implora le secours de la France. Au mois de novembre et de décembre 1830, le maréchal Clausel fit occuper Mers-el-Kébir et Oran, qu'il remit ensuite à un lieutenant du bey de Tunis. Subie avec répugnance, cette domination fut exercée avec dureté. En outre, le traité n'ayant pas été ratifié, le 18 août 1831, les troupes françaises rentrèrent à Oran pour n'en plus sortir. La garnison, composée de mille trois cents hommes environ, avait pour commandant en chef le général Boyer. A cette époque, Oran n'était qu'un horrible amas de décombres, car le gouvernement turc avait négligé de faire disparaître les traces du tremblement de terre de 1790, et l'occupation française, dont le premier soin fut de dégager et de réparer l'enceinte fortifiée, avait encore accru les ruines. « Oran est maintenant la deuxième « ville d'Afrique, » écrivait récemment un officier français, mais les ressources dont elle abonde, la riche livrée de civilisation qu'elle a revêtue ne sauraient nous rendre, à nous ses premiers habitants, la vivacité de sensations, les émotions si imprévues et si variées qu'elle nous offrait, cité barbare, lorsque entourée d'une auréole guerrière, au son des trompettes, au bruit de la mousqueterie et du canon, elle oubliait en notre faveur ses beys qui venaient de la quitter, et défiait les fils du désert de la ravir à ses nouveaux maîtres. Que de perspectives inconnues ce mobile tableau africain déroulait à nos yeux! avec quelle curiosité inquiète, quels regrets de ne pouvoir franchir l'espace, nos regards se portaient sur le rideau de montagnes bleues qui bornaient notre horizon, au delà duquel l'imagination aimait à se figurer Mascara, Tlemcen, Tekedempt, ces villes dont l'éloignement grossissait l'importance et dont à peine nous avions entendu prononcer les noms! Il fallait une escorte pour aller à Mers-el-Kébir. Une reconnaissance à la montagne des Lions nécessitait une expédition, et chaque jour un poste attaqué, une tentative de l'ennemi, nous apportait une distraction nouvelle. »

Un jour du mois de mai 1832, le lieutenant général Boyer fit publier la sommation suivante qu'il venait de recevoir :

« Au nom du Dieu clément et miséricordieux, le serviteur du Tout-Puissant, le seigneur Adji-Meheddin, commandeur des croyants, au chrétien qui commande le bourg d'Oran.

« Nous te faisons savoir que nous viendrons prochainement te livrer bataille avec une armée aussi nombreuse que les grains de sable de la mer, ou les étoiles du firmament. Si tu es résolu à périr, tu n'as qu'à sortir des remparts où la crainte te tient renfermé, et te présenter dans la plaine du Figuier. Si tu restes dans tes murs, tu n'échapperas pas pour cela à notre glaive; les plus fortes murailles s'écroulent par la puissance du Très-Haut et la vertu du nom du Prophète (que le salut et la miséricorde de Dieu soient sur lui). Vous serez tous ensevelis sous leurs ruines.

« Toutefois, notre loi miséricordieuse nous prescrit, avant le combat, de t'offrir d'embrasser l'islamisme, ce serait le meilleur parti à prendre; vous recevrez des femmes, des terres et un établissement parmi nous. Mais, comme la lumière de notre religion n'a pas encore éclairé ton cœur, tu persisteras peut-être dans ton idolâtrie, et voudras revoir ton pays; alors résous-toi à payer le tribut, à nous livrer tes armes, tes poudres, tes canons, tes trésors et dix otages choisis parmi les plus grands d'entre vous. A ces conditions, vous serez libres de retourner sur les terres des chrétiens. Je t'avertis que si tu prends le parti de la résistance, je vous rayerai, s'il plaît à Dieu, du nombre des vivants. »

Au jour fixé, en effet, Meheddin se présenta devant la place avec tous les contingents de cavalerie et d'infanterie de la province de l'Ouest. Le désert lui-même avait fourni les siens, dit M. Azéma de Montgravier. « Des tribus qui n'avaient jamais vu la mer s'étaient réunies aux tribus du Tell pour participer au triomphe de l'islamisme et au pillage d'une ville chrétienne. Pendant huit jours les combats les plus acharnés furent livrés au pied des murailles et dans les faubourgs, et notre victoire fut achetée par la perte de plusieurs braves, objet de tous nos regrets. Mais l'ennemi dut se retirer, emportant à la suite de ses jactances et de sa défaite la conviction qu'une place démantelée défendue par une poignée de gens de cœur pourrait désormais défier les impuissants efforts de toutes ces hordes conjurées.

« Pendant la nuit du 2 au 3 mai, des groupes nombreux d'Arabes s'étaient portés du camp de Meheddin sur le caravansérail de la mosquée de Karguenta, où ils avaient attendu le jour. Prévenus de leur approche, nous avions, de notre côté, passé la nuit sous les armes, et l'aurore nous trouva debout sur les batteries du Château-Neuf. La porte du Marché étant fermée, cette partie de la place n'avait rien à redouter de gens dépourvus de canons pour battre en brèche et d'échelles pour donner l'assaut; aussi ce prélude maladroit devait-il tourner à leur confusion. Le lever du soleil fut le signal du combat. Au moment où ses premiers rayons frappaient le sommet du minaret, un homme parut entonnant d'une voix éclatante la profession de foi des musulmans, qui est aussi leur cri de guerre : aussitôt, et comme si un enchanteur eût touché le sol avec sa baguette en prononçant des paroles magiques, ce cri répété de la plaine aux montagnes fit sortir de toutes parts des combattants. La mosquée et les ruines du village ne se lassaient pas de fournir des fantassins qu'appuyait sur les collines une nombreuse et mobile cavalerie, et la poudre ayant commencé à parler, suivant l'expression des Arabes, en un instant la ville tout entière fut entourée d'une ceinture de feux. Déjà les hommes à pied qui avaient pénétré dans le ravin en avant du rempart manifestaient l'intention de se précipiter sur la porte du Marché, dans le fol espoir de l'enfoncer, lorsque des décharges réitérées leur firent perdre contenance et ralentirent cette ardeur. On vit alors un jeune cavalier s'élancer sur les glacis, s'efforçant de rallier les fuyards autour d'un étendard vert qu'il agitait au milieu de la mitraille et des balles; devenu quelque temps le point de mire de nos coups, il fut assez heureux pour n'en être pas atteint, grâce à notre précipitation même. Ce guerrier, c'était Abd-el-Kader. »

Cette ville, placée dans la région où l'infatigable émir a reparu le plus souvent, est cependant une de celles où la colonisation a fait les plus rapides progrès. Les bateaux à vapeur y débarquent régulièrement des colons en quantité; deux, trois cents par mois, c'est le nombre ordinaire. Tout capitaliste qui y apporte quelque argent le place à gros intérêts, et tout artisan est sûr d'y trouver immédiatement de l'ouvrage [1].

[1] D'année en année, cette population s'accroît dans de plus grandes proportions. D'après les rapports officiels, elle était au mois de janvier 1847 de dix-huit mille deux cent cinquante-neuf âmes, et au mois de mars de dix-neuf mille six cent vingt-sept, dont six mille neuf cent soixante Français, soixante-un Anglais, quatre vingt dix-neuf Maltais,

A l'est et au sud d'Oran s'étend un plateau de trois à quatre lieues d'étendue, arrosé par plusieurs ruisseaux, facile à cultiver, qui, d'un côté, aboutit à la montagne du Lion (Djibel-Sahar) et de l'autre, au riche village de Messerghin, habité maintenant presque en entier par des colons européens. Nous avons été voir au milieu de ce plateau le chef d'une petite tribu arabe qui manifeste une vive affection pour la France. Une large tente noire, divisée en deux compartiments par un tissu de laine, l'abrite avec toute sa famille. D'un côté, les hommes avec leurs armes, leurs chiens et leurs vêtements, de l'autre, les femmes avec les ustensiles de cuisine. L'entrée du harem nous était naturellement interdite; mais la curiosité féminine a elle-même violé les prescriptions de la coutume mahométane, et nous avons pu regarder assez longtemps deux ou trois femmes qui tour à tour entr'ouvraient d'une main craintive le rideau qui devait les dérober à nos yeux, et nous observaient d'un air empressé et inquiet. Le cheik, qui ne se

trois cent cinquante Anglo-Espagnols; neuf mille cent vingt-sept Espagnols; mille cinq cents vingt-cinq Italiens; mille cinq cent vingt-cinq Allemands. (*Moniteur algérien.*)

doutait pas de cette traîtrise conjugale et qui aurait sans doute regretté de nous laisser partir sans nous donner une idée de la beauté de sa famille, fit venir sa plus jeune fille, une charmante enfant de six à sept ans, aux prunelles étincelantes, au visage rose. Le pinceau avait été employé à rehausser ses couleurs naturelles; le pourpre du hennah couvrait ses ongles; une ligne noire comme l'aile d'un corbeau allongeait et rejoignait ses sourcils, et le tatouage avait dessiné sur son front et à son menton une petite fleur bleue. Elle portait au cou une rangée de sequins, sur son corps une veste ronde en soie, un pantalon de mousseline et des pantoufles brodées à ses pieds. Ainsi parée, vernie, tatouée, cette jolie petite personne vint d'un air grave s'asseoir par terre en face de nous. Son père la contemplait avec une visible pensée d'orgueil, et nous l'observions fort attentivement, supposant qu'elle représentait en miniature, en abrégé, toutes les perfections de la toilette et de la beauté mauresque.

J'aurais bien voulu, pendant que j'étais au sein de cette famille, pénétrer dans l'étude de ses mœurs, entendre un de ces entretiens du foyer, une de ses traditions poétiques qui peignent le caractère, les habitudes de la vie ; mais j'avais avec moi la longue et savante lettre qu'un de mes amis, M. Perron du Caire, m'a écrite sur les anciens chants arabes, et les compositions des anciens temps sont encore, en grande partie, l'exacte image de la physionomie physique et morale de cette race arabe, que ni le cours des siècles, ni le contact des populations étrangères ne peuvent altérer.

Cette épouse du cheik qui se tient derrière un rideau et jette sur nous un regard furtif, n'est-ce point la femme dépeinte dans les Cacydehs, « qui ne dépasse jamais le seuil de sa porte, qui remplit ses vases de provisions, gouverne son ménage avec économie, sait, quand il le faut, mêler de l'eau à son lait, et enfante des hommes robustes ? »

Ces jeunes gens à la taille élevée, aux membres forts, assis par terre autour de nous, ne sont-ils pas de la même trempe que celui qui chantait jadis ce chant énergique :

« Les têtes sourcilleuses des hautes montagnes, où ne peut gravir l'homme le plus robuste, au pied léger, à la taille forte et souple comme une lance,

« Moi, j'y monte; j'en vais chercher la cime perdue, quand les sombres ténèbres de la nuit m'enveloppent comme d'une noire forêt.

« Et là, je dors, le crâne appliqué sur les os saillants de mes bras, replié et roulé sur moi-même comme un serpent.

« J'ai pour tout attirail deux sandales aux flancs rongés, étroites, et qui jamais n'ont été recousues,

« Un *bourd* éraillé, un *mouldah*[1] en lambeaux, usé d'un côté et que je ne répare jamais.

« Un sabre étincelant, d'un fer limpide de l'Inde, lame tranchante qui abat merveilleusement des tronçons de membres;

« Un arc jaune de bois de nab, solide, la sauvegarde de son maître, et gémissant après le départ de la flèche comme gémit l'amoureux.

« Arc précieux, quoique tendu longtemps, il garde sa poignée toujours ferme et élasti-

[1] Le *bourd* est une sorte de manteau. Le *mouldah* est le *milâyeh* actuel, ou grande pièce bleue à petits carreaux, et que l'on voit, au Caire, portée par les femmes comme un grand voile tombant par derrière, de la tête aux pieds, et couvrant toute la personne.

que, et sa corde, pendante aux deux bouts, sait toujours chasser avec force et lancer mes flèches.

« Le sifflement de la flèche échappée est comme le bourdonnement du bourdon qui s'enfuit dans l'espace.

« Mais quoi !... Oummou est partie aux pâturages nouveaux, et je tremble que les pâtres de l'été ne restent encore éloignés avec elle pendant tout l'été.

« Eh ! si tu le savais ! ces eaux où tu vas sont entourées de dangers ; elles semblent porter en elles les douleurs d'entrailles et mille craintes plus effrayantes encore.

« J'y suis allé maintes fois m'abreuver ; mais j'avais avec moi mon sabre yamanique, et tout ce qu'il me fallait, tout ce que j'avais choisi, pour empenner mes flèches, et les rendre bonnes et sûres ;

« J'y allais pour attacher les pennes à mes flèches rouges et souples, et je les rangeais, ces pennes, en tissu régulier et fin pour mes braves compagnons.

« C'est là que je me mettais aussi à en effiler la pointe, jusqu'au moment où je me disposais à les encocher pour les lancer et leur faire fendre l'air.

« Toujours prêtes alors, mes flèches étaient dans ma main pour l'homme vil et avare, redoutables aussi pour l'ami que j'avais chassé de mon amitié.

« Et puis, combien de vallées longues, profondes, à gorges serrées, séjour chéri des djinns et des lions,

« Où je me suis enfoncé après la chute de la rosée du matin, vallées touffues pleines d'arbres, vallées où frissonne celui qui y pénètre !

« Mais là où le poltron tremble de se hasarder, moi j'aime à passer, justement parce qu'il redoute d'y entrer.

« Quoi ! un homme pensera à se défendre, contre moi, Sad le fils de Mâlik ! Il voudra me résister et garder les dépouilles d'Ocaycier que j'ai tué ! Non : il faut qu'il connaisse mes coups. »

Lorsqu'un de ces jeunes gens de la tribu vient à mourir, n'entend-on pas encore répéter, sous la tente en deuil, des élégies pareilles à celles qui furent composées pour le vaillant Mouâwyat.

« Hélas ! qu'y a-t-il, mes yeux ! Quoi ! mes paupières sont inondées de larmes !

« Est-ce bien le fils d'Amr qui n'est plus, et par lequel la terre, en le recevant dans son sein, a honoré et glorifié les morts qu'elle couvre ?

« Est-ce bien lui !... Oh ! oui ! c'est lui dont je pleure le trépas, pour lui que je demande aux pleureuses leurs sanglots.

« Aujourd'hui je n'ai plus qu'une chose à faire : mourir... ou bien supporter la vie[1].

« Nous la méprisons, la vie, et la mépriser au jour des horreurs des combats, est plus grand et plus digne de souvenir.

« Combien de fois nous nous sommes précipités contre d'épais bataillons hérissés de casques de fer, de doubles cottes de mailles !

« On eût dit de lourdes masses de nuées orageuses allant par étages, poussées avec fureur l'une par l'autre...

« Et toi, Mouâwyah, que de rimes tu as chantées, rimes perçantes comme des fers de

[1] Holà ! la mort est pour nous tous ; les montagnes, le monde entier restent. — Le Tiâr est un mont du pas des Bénou-Cays.

lances ! Elles vivent parmi nous, et celui qui les a dites n'existe plus.

« Combien tu en as dites, fils d'Amr, que jetait sans effort, et qu'inspirait ta verve inimitable !

« Les mourrides ont frappé à mort Mouâwyah; mais aussi combien des leurs ont succombé sous ses coups.

« Après le trépas du fils d'Amr, que les étoiles disparaissent, et que le soleil éclipse sa lumière.

« Que de malheurs, dont la seule appréhension fait avorter les mères enceintes ! Que de malheurs,

« Le fils d'Amr n'a-t-il pas éloignés des femmes de la tribu, lui qui n'était ni leur parent, ni leur maître. Il savait détourner les dangers qui menaçaient de nous assaillir, dans les champs de bataille, dans ces mêlées serrées où la mort, devant lui, traînait son manteau plein de sang.

« Que de blanches femmes tu sauvas, au matin, lorsqu'elles erraient éperdues, leurs voiles en désordre, dans la frayeur du combat !

« Et les chameaux de noble race enlevés aux ennemis, comme tu les chassais devant toi, tranquille sur ton coursier ! Et comme tu marquais, de la pointe de ton sabre, les chameaux communs !

« Tes rapides coursiers, épuisés, bien que solides comme les quartiers de rocs qui font les margelles des puits, tu en as laissé, le jour où tu succombas, les membres épars sur les sentiers du désert ;

« Mais à un roi de tribu, non à des ennemis sans nom. Eh ! ce n'était pas à cela que tu avais habitué tes cavaliers ! Mais quand tu fus abattu, tout fut perdu.

« Toi, que de fois tu avais chassé les chameaux de race devant toi, tranquille sur ta chammâ ! que de fois tu avais marqué de la pointe de ta lance la foule des chameaux communs !

« Toujours sur les contrées de nos ennemis, tes cavales toujours mettaient bas leurs poulains pendant tes expéditions ; elles n'avaient jamais de repos.

« Combien de captives désolées tu as conduites devant toi, comme des troupeaux agités de belles antilopes que réjouissent les premières gouttes de pluie[1] ! »

Le digne cheik avait annoncé qu'il ne nous quitterait pas sans que nous eussions goûté chez lui la saveur d'une *difah;* et tandis que ses femmes allumaient le feu, pétrissaient la pâte, nous allâmes voir quelques tentes voisines de la sienne. Dans l'une était un pauvre homme maigre, sec, mal vêtu, le *taleb,* le savant, ou, pour me servir d'une expression moins ambitieuse, le maître d'école de la communauté. Il paraît que les maîtres d'école arabes ne sont pas mieux rétribués que les nôtres; car celui-ci portait dans les rides précoces de son visage, dans les replis sales et troués de son burnous tous les indices d'une existence assez misérable. Autour de lui une demi-douzaine d'enfants accroupis sur le sol écoutaient une lecture du Coran, et deux ou trois chiens s'élancèrent avec fureur contre nous comme pour défendre à notre approche profane l'entrée du temple de la science. Dans une autre tente, se trouvait une femme si vieille

[1] Les antilopes s'égayent à l'approche de la pluie et se réunissent en troupes.

et si laide qu'elle pouvait sans scrupule se montrer à nos regards. Elle était assise devant un métier de tissage où elle posait l'un après l'autre, non point à l'aide d'une navette, mais avec ses dix doigts, chaque fil de soie et chaque fil de laine destinés à former l'étoffe d'un haïk. C'est là une œuvre de patience comme il n'en existe pas en ce monde. Si Pénélope faisait et défaisait ainsi sa toile, je conçois qu'elle ait pu longtemps occuper la persévérance de ses prétendants.

Quand nous revînmes de notre tournée, le banquet était prêt. Un immense plat de coussoussou, posé par terre au milieu de la tente, répandait dans toute l'habitation du cheik une odeur de beurre qui faisait sourire la petite fille et attirait les chiens du voisinage. Nous nous assîmes autour de cette énorme pâtée, et à l'exemple du maître de maison nous y puisâmes bravement avec la main droite, oubliant que le couscoussou n'est autre chose qu'un amas de globules de farine délayés dans de l'eau et roulés entre les doigts, dont rien ne pouvait nous garantir la propreté. Après ce premier service, on nous apporta une jatte de lait à moitié caillé que le cheik, en homme bien élevé, présenta d'abord à madame de Salvandy, et dont il avala ensuite une longue gorgée. Puis deux de ses gens déposèrent à la place du couscoussou un mouton rôti, debout sur ses quatre pattes, la tête allongée comme s'il aspirait encore le parfum de l'herbe fraîche, la queue entre les jambes. Il n'y manquait que la peau. Notre digne hôte, d'un coup de pouce et d'index lui enleva la moitié d'une cuisse et nous engagea à en faire autant. Nous nous étions montrés trop résolus devant notre plat d'entrée pour reculer devant celui-ci. En quelques instants, la tendre brebis cuite à point et vraiment succulente, n'en déplaise à l'ombre de M. Brillat-Savarin, se trouva lacérée, dépecée, et ses restes allèrent réjouir la valetaille du logis, qui depuis le commencement du repas attachait sur cette pièce superbe un œil de convoitise.

Notre repas achevé, le cheik, heureux et fier de nous avoir si magnifiquement reçus, tira notre interprète à l'écart, et lui raconta en termes pompeux son dévouement pour la France, les périls auxquels l'exposait la résolution qu'il avait prise de nous rester fidèle, et l'éloignement qu'il manifestait en toute circonstance pour Abd-el-Kader et pour ses agents. L'interprète se demandait quel pouvait être le but de ce long discours, car les Arabes n'ont pas coutume de dire tant de mots pour rien. Mais le cheik, voyant son embarras, se fit un charitable devoir d'y mettre fin : « Écoutez, dit-il, il est une chose que je désire depuis longtemps, une récompense que je crois avoir méritée, et je ne trouverai peut-être jamais une occasion aussi favorable que celle-ci pour la demander. En deux mots, ajouta-t-il en se penchant à l'oreille de l'interprète, comme s'il eût craint d'être entendu des gens de sa tente, je voudrais avoir la croix d'honneur. »

Voilà l'ambition de notre cheik. Qu'on dise encore que les Arabes ne comprennent pas les prérogatives de la civilisation. Ils veulent attacher un ruban rouge à leur burnous, voir briller une croix sur leur poitrine. Il n'y a pas de raison pour que bientôt ils ne veuillent lire leur nom dans le *Moniteur* et être inscrits chaque année dans l'*Almanach royal*.

Les champs du plateau où nous avons reçu cette hospitalité barbare, les pâturages du Camp des Figuiers, les enclos de Messerghin alimentent Oran de blé, de fruits et de bétail.

Malheureusement la rade de cette importante cité est si mauvaise qu'aucun navire n'y peut stationner en sûreté. Divers projets ont été faits pour la mettre à l'abri des vents, et ils sont restés à l'état de devis. Le vrai port d'Oran est à deux lieues de là, au pied d'une enceinte de rocs escarpés : c'est le *Portus magnus* des anciens, traduit en arabe par Mers-el-Kebir. Celui-là est excellent, et assez large pour recevoir à la fois cinq ou six vaisseaux, autant de frégates et une cinquantaine de bâtiments. Dans son livre sur l'Algérie, M. Baude a consacré une intéressante dissertation à l'examen de la baie de Mers-el-Kebir, combinée avec celle d'Oran. Son opinion est qu'elle l'emporte sur celle de Gibraltar. « Le principal mérite d'une station navale est, dit-il, la sûreté, et sous ce rapport les rades de Mers-el-Kebir et de Gibraltar ne peuvent pas se comparer. Dans plusieurs directions l'accès de la seconde est souvent interdit aux navires pendant des semaines entières, et malheur à qui s'y trouve mouillé par certains vents ! La houle y est énorme, l'action des vents terrible, l'ancrage mauvais. Dans la tempête du mois de décembre 1825, cent quarante-cinq bâtiments y ont été jetés à la côte. Rien de semblable n'est jamais arrivé dans celle de Mers-el-Kebir; la mer y peut être dure, mais non pas dangereuse. Déjà bien défendu contre une flotte ennemie, le mouillage deviendrait à peu de frais inattaquable. Quand on le voudra, les feux du fort de Mers-el-Kebir se croiseront dans toute son étendue avec des feux de batteries correspondantes. Oran est donc une place très-forte par elle-même, et située de manière à exercer son action sur de très-grands intérêts.

« Sous la simple condition d'une neutralité qui fermerait les ports de l'Espagne à des forces ennemies, la possession d'Oran nous rend maîtres d'interdire l'entrée et la sortie de la Méditerranée aux navires des puissances continentales, telles que la Russie, l'Autriche, la Prusse, les Pays-Bas, la Sardaigne, les Deux-Siciles, dont les marines réunies ne pourraient pas se mesurer avec la nôtre. Elle nous met encore en état de leur offrir un refuge précieux contre des forces ennemies; elle ajoute ainsi aux moyens que nous avons d'ailleurs de faire respecter à ces puissances nos frontières territoriales, où d'être pour elles d'utiles alliés. L'Angleterre est vis-à-vis de nous par sa marine dans une situation différente. Nous avons de grandes raisons pour tenir à son amitié; mais si la bonne intelligence cessait de régner entre elle et nous, notre station d'Oran lui imposerait au moins l'obligation d'ajouter beaucoup à ses défenses dans la Méditerranée, et de disséminer des forces qu'il vaudrait mieux tenir réunies. »

Il n'y a qu'un inconvénient à la rade de Mers-el-Kebir, c'est qu'elle est serrée de si près par une chaîne de rocs et de montagnes qu'il n'y reste point de place pour construire les chantiers et les magasins nécessaires à un port. Il faut donc que les bâtiments mouillent dans cette rade et déchargent leur cargaison dans celle d'Oran. Pendant l'occupation espagnole et la domination turque, ce transport se faisait par mer au moyen d'alléges, ce qui était une opération fort longue, souvent difficile et toujours coûteuse. Nous avons déjà remédié à cet inconvénient en rejoignant par une belle et large route les deux points. C'est encore à nos compagnies de discipline que nous devons ce travail superbe, qui présentait les plus grands obstacles. Pour l'accomplir, il a fallu presque à chaque pas employer la mine, faire sauter des blocs de pierre, scinder la roche vive, creuser des tunnels. « J'ai vu, dit M. Wagner, les pauvres soldats occupés à ce rude labeur, et j'ai été touché de leurs souffrances. Pendant dix heures chaque jour, ils devaient travailler avec de lourds ustensiles sur des rocs sans ombre. La chaleur ardente du soleil, augmentée encore par la réverbération d'une surface calcaire, leur brunissait le visage de telle sorte qu'ils ressemblaient à des Bédouins. Autour d'eux ils ne voyaient que la pierre nue et l'eau salée. Ils n'entendaient que le bruissement des vagues et les éclats de la mine. Avec des ciseaux et des marteaux de trente livres de pesanteur, ils frappaient sur un roc si dur que leurs instruments s'y brisaient; puis, une fois que le roc était creusé, on le faisait sauter avec la poudre, et quelque précaution que l'on prît, souvent la mine blessait les soldats. J'en vis un que l'on emportait tout mutilé à l'hôpital. Ses camarades n'en continuèrent pas moins sans murmurer leur périlleuse entreprise, et je dois dire à l'honneur des officiers qu'ils soutenaient le courage de ces cohortes d'ouvriers plutôt par de bonnes paroles que par des reproches et des menaces [1]. »

Maintenant la route de Mers-el-Kebir est parcourue par une quantité de chariots chargés de marchandises, d'omnibus, de cabriolets. Les bourgeois d'Oran y font de fréquentes promenades. Une maison de bains est à moitié chemin, et les collines et la rade de Mers-el-Kebir offrent de charmants points de vue qu'on ne se lasse pas d'observer.

En parcourant cette route dans une des rapides voitures de louage qui stationnent sur une des places d'Oran, on a constamment devant soi, autour de soi, un aspect d'une majesté étonnante et grandiose : d'un côté la mer, qui de ses flots écumants frappe la base de ce chemin qui se déroule audacieusement le long de ses vagues; de l'autre, les anciennes forteresses espagnoles et les montagnes décharnées, sauvages, qui semblent avec stupeur regarder les entailles qu'on a faites dans leurs flancs; et lorsqu'on arrive à Mers-

[1] Reisen in der Regentschaft Algier.

el-Kebir, on éprouve une vive surprise à voir tout qu'il y a dans cette petite ville de grandiose et de sévère, d'agreste et de coquet. Ici, une ligne de jolies maisons rangées au bord de la plage, d'autres étagées en amphithéâtre le long de la colline, d'élégantes villas à balcons, des cafés, des cabarets où retentit le chant des matelots; là, le vieux château espagnol avec ses murailles épaisses, ses routes sombres et ses précipices, puis le port animé sans cesse par des navires de commerce et des bateaux à vapeur, des chaloupes qui vont de l'un à l'autre, des canots qui amènent à terre officiers et équipage.

Grâce à ceux qui ont exécuté le plan de la nouvelle route et à la facilité de communication qui en résulte, Mers-el-Kebir est à présent comme un faubourg d'Oran, un faubourg qui toute l'année occupe et réjouit les habitants de la ville. Si l'on poursuit sur chaque point les travaux projetés, si les constructions nécessaires aux deux ports peuvent être achevées, si le système de défense déjà établi par les canons de Mers-el-Kebir, dont les feux se croisent avec ceux d'Oran, est complété; si enfin, comme le dit M. Baude, nous pouvions attirer dans cette rade le mouvement maritime de Gibraltar, et contre-balancer l'importance de cette chère forteresse des Anglais, quel succès! et qu'il serait glorieux pour nous d'opposer une telle conquête à celle que l'Angleterre a enlevée à l'Espagne, et que l'Espagne n'a jamais pu reprendre!

Nous avons rejoint par terre, avec une brillante escorte de généraux et d'officiers, *le Montezuma*, qui, après nous avoir débarqués à Oran, était venu jeter l'ancre près du quai de Mers-el-Kebir. Quinze jours auparavant nous nous trouvions à la Calle sur les frontières de Tunis, et nous allions voir à Djemma-Gazouat celles du Maroc. Mais entre ces deux situations, quelle différence! Là nous sommes voisins d'un prince ami qui dans son récent voyage en France nous a donné assez de preuves de sa sympathie pour nous, de son esprit éclairé et de sa générosité de caractère. Ici nous sommes en face d'une population hostile dont l'empereur du Maroc est impuissant à maîtriser la nature inquiète, que l'émir domine par l'ascendant des idées religieuses, et au milieu de laquelle il lance à tout instant de nouveaux germes de révolte par ses promesses séduisantes et ses proclamations fanatiques. Ici, quand on parle de paix, ce n'est qu'une paix apparente et trompeuse. Il faut que nos soldats soient perpétuellement sur leurs gardes, à l'état de défensive, et prêts au premier signal à se mettre en marche, l'arme au bras et le sac sur l'épaule. Pour nous préserver d'une quiétude dangereuse, nous avons le souvenir de plusieurs insurrections sanglantes. Nous avons autour de nous l'ardente tribu des Beni-Ouassen, qui se vante d'avoir dix-sept mille fusils, et près de la place occupée par nos troupes le marabout de Sidi-Brahim, arrosé d'un sang héroïque. C'est là, vous le savez, monsieur, qu'en 1845, à la suite de la désastreuse trahison ourdie par les agents d'Abd-el-Kader, et dont le colonel Montagnac fut une des victimes, c'est là que le capitaine Giraux, éloigné de tout secours, entreprit de se défendre avec quatre-vingts hommes contre une troupe de trois mille cavaliers commandés par l'émir. L'intrépide capitaine, sommé de se rendre, rejeta loin de lui toute offre de capitulation. Une seconde fois, Abd-el-Kader lui envoya, pour l'engager à se soumettre, le capitaine Dutertre, qu'il avait fait prisonnier;

et Dutertre, imitant l'immortel dévouement de D'Assas, cria à ses camarades : Défendez-vous, et mourons tous, s'il le faut, jusqu'au dernier. A son retour au camp de l'émir, il paya de sa tête ses courageuses exhortations.

Trois fois en deux jours les cavaliers d'Abd-el-Kader, aiguillonnés par la présence de leur chef, s'élancèrent contre les murailles où nos soldats étaient retranchés; trois fois ils furent repoussés, et virent des centaines d'entre eux tomber sur le sol. Le jour suivant, l'assaut devait recommencer, un assaut où l'on se battait de part et d'autre avec une sorte de frénésie, à bout portant. Nos malheureux soldats, qui depuis soixante heures n'avaient pas pris un instant de repos, qui n'avaient plus ni eau ni vivres, et qui cependant à aucun prix ne voulaient se rendre, résolurent de se frayer un passage au milieu des troupes qui les assiégeaient. Ils franchirent une première porte, se rangèrent dans un ravin. Là il fallut combattre de nouveau contre une horde de Kabyles et une légion des Ouled-Gerr. Ils n'avaient plus ni cartouches ni balles; ils s'élancèrent au milieu de leurs ennemis le sabre à la main, arrivèrent dans un champ de figuiers, et quand ils se comptèrent ils n'étaient plus que quarante. Les Arabes entourent ces dernières victimes, les attaquent sans pitié. Les malheureux, épuisés de fatigue, font un dernier effort, se précipitent au milieu des Arabes, et parviennent encore à se faire jour au milieu de leurs bataillons. Mais le capitaine Giraux et vingt-six de ses soldats périrent dans cette lutte. De quatre-vingts hommes qui s'étaient réfugiés dans le marabout, treize seulement purent rejoindre la garnison de Djemma-Gazouat.

Djemma n'est ni une ville ni un village ; c'est tout simplement un assemblage irrégulier de constructions élevées à la hâte, moitié cantines et moitié boutiques, qui alimentent la garnison. Le tout est dominé par une large maison en bois, où stationne l'état-major, et dont la modeste apparence est égayée par un délicieux jardin, où le pampre s'unit aux rameaux des caroubiers, où l'on s'asseoit sous une treille chargée d'énormes grappes de raisin qui descendent de leur voûte de feuillage comme les pendentifs d'une chapelle gothique. La garnison est tout entière à une demi-lieue de là, campée sur une colline dont elle occupe toute la surface. En quelques instants, un chariot d'artillerie a été garni de baucs comme un omnibus, couvert de draperies, pour nous transporter au delà des sables brûlants et des ravins rocailleux qui séparent cette garnison solitaire de la rade de Djemma-Gazouat. M. de Salvandy était à cheval avec M. le général Cavaignac et un groupe d'officiers, entourés d'une troupe de cavaliers arabes qui se précipitaient en masse par les sentiers les plus étroits, tiraient leurs coups de fusil, repartaient au galop, puis revenaient avec de bruyantes acclamations et de nouvelles arquebusades saluer le ministre. Après cette *fantasia*, dont les mouvements impétueux, les vives et gracieuses évolutions étonnent toujours les regards, nous avons eu un plus grand et plus intéressant spectacle, le spectacle d'une armée en campagne. Six mille hommes réunis de la façon la plus pittoresque sur les flancs ondulants d'une vaste colline, en face de la mer, l'artillerie, la cavalerie, l'infanterie rangées symétriquement par bataillons, par compagnies, les munitions et les bagages au milieu, un amas de petites tentes grises qu'on prendrait de loin pour une nuée d'oiseaux, d'autres tentes plus hautes et plus élégantes pour les officiers, un pêle-mêle de chevaux, de mulets, de faisceaux d'armes, d'ustensiles de cuisine, et tous les hommes en mouvement, ceux-ci se rendant à l'appel du matin, ceux-là attisant en plein air le feu qui fait bouillir la gamelle, d'autres astiquant les sabres et leurs buffleteries, chacun à sa besogne de chaque jour. Au premier abord, on ne voit qu'une image confuse, un tourbillon de diverses couleurs, des chevaux sellés et attachés à des piquets, des bêtes de somme, le cou penché sur un peu d'herbe. On entend toutes sortes de bruits pareils au vague mugissement des flots : tambours et clairons, cris de guerre et accents de joie, la voix du sergent qui commande l'exercice, la voix de la cantinière qui dans ce tumulte jette comme une fauvette sa légère chanson. Quand on y regarde de plus près, peu à peu on remarque au milieu de cette scène surprenante toutes les sages dispositions d'une intelligente pensée; on reconnaît que chaque être vivant, chaque chose y est à sa place, et que le service, l'austère service militaire se fait aussi régulièrement sur cette dune sauvage que dans nos casernes. Et lorsqu'on observe la situation de ces milliers de soldats, on éprouve pour eux un sentiment plein de commisération. Ce n'est point là un de ces camps pacifiques, égayés, enrichis par le luxe des princes, une de ces pompeuses réunions que Louis XIV entourait d'un faste royal, et qu'il allait visiter dans ses carrosses avec les dames de la cour. C'est un poste difficile, périlleux, où l'on n'a que de faibles ressources et de maigres rations, où nos pauvres troupes se trouvent loin du sol natal, sur une terre ennemie, condamnées à d'amères privations, livrées aux rigueurs d'un climat accablant, et exposées sans cesse à quelque attaque dangereuse. « Souvenez-vous, disait un jour, à Ceuta, un vieil officier espagnol au général Alava, que toutes les fois qu'un Castillan se montre, il se trouve un Arabe pour l'ajuster. » Cette maxime prudente, il faut que nos soldats de Djemma-Gazouat ne l'oublient jamais, car de toutes parts ils sont environnés, épiés par des tribus hostiles, et nul d'entre eux ne pourrait s'écarter seul à quelques centaines de pas des retranchements sans courir risque de voir derrière une broussaille, au bord d'un ravin, un long fusil braqué sur lui.

L'arrivée du ministre au camp était pour cette armée solitaire un grand événement. Tous les soldats se tenaient debout devant leurs tentes pour nous voir passer. Ceux-ci, dans leur surprise, laissaient tomber à terre l'arme brillante qu'ils faisaient reluire au soleil; ceux-là abandonnaient à l'aventure le feu qu'ils avaient eu tant de peine à allumer, et la précieuse gamelle. Plus d'un sans doute en nous regardant a pensé à ce cher pays d'où nous arrivions, à son village regretté, à son humble toit de paysan, et a peut-être du revers de sa main essuyé en silence une larme qui filtrait sous sa paupière. M. de Salvandy a reçu les officiers qui s'approchaient de lui, les soldats qui avaient quelque requête à lui présenter, avec une affectueuse sollicitude. Sa visite à Djemma-Gazouat a raffermi plus d'une espérance inquiète et consolé plus d'un cœur affligé. En faisant cette réflexion, nous qui ne pouvions rien malheureusement pour cette brave et intéressante colonie de France, nous sommes revenus plus gaiement à bord du *Montezuma*, accompagnés du général Cavaignac, que nous désirions garder aussi longtemps que possible; car c'est un de ces hommes vers lesquels on se sent de prime abord attiré par une indéfinissable séduction : une belle tête blonde, une physionomie d'une rare distinction, d'une expression grave, mélancolique, un peu maladive. En voyant ses grands yeux bleus pensifs, son fin sourire, ses manières élégantes, je me figurais Oswald; mais cet Oswald a pris pour sa Corinne la guerre. La rumeur des combats, et les expéditions hardies, orageuses, où l'entraîne un ardent courage, lui plaisent autant qu'à l'autre les sentimentales rêveries et les chants du cap Misène.

Bientôt l'heure du départ a sonné; la machine, chauffée par plusieurs tonnes de charbon, met en mouvement les puissantes roues du *Montezuma*. Le général nous quitte pour descendre dans sa chaloupe, le bateau vire de bord, et cette fois adieu notre Algérie avec son vêtement de lumière splendide, ses forêts de figuiers et de citronniers, ses roches brûlantes, ses champs de blé dorés par un ardent soleil, et ses vaillantes cohortes. Adieu, comme dit Othello :

Adieu, beaux bataillons aux panaches flottants;
Adieu, guerre, adieu, toi dont les jeux éclatants

Font de l'ambition une vertu sublime!
Adieu donc, le coursier que la trompette anime,
Et ses hennissements et le son du tambour,
L'étendard qu'on déploie avec des cris d'amour,
Appareil, pompe, éclat, cortége de la gloire,
Et vous, nobles canons, qui tonnez la victoire!

La proue de notre superbe frégate à vapeur est tournée du côté de Gibraltar; je vais conquérir mes éperons de voyageur en franchissant les colonnes d'Hercule, je vais passer près de la rade de Palos, d'où Christophe Colomb partit pour doter la vieille Europe des trésors de l'Amérique. Dans le transport de joie que j'éprouve à l'idée de traverser l'antique détroit, il me semble que je vais moi-même m'aventurer sur l'Océan, découvrir un nouveau monde et je me surprends à repéter l'une des poétiques invocations de mon ami Ant. de Latour :

Oh! pour m'emporter loin, bien loin, plus loin encore,
Avec cet Océan et ses flots décharnés,
Ailes de la colombe, ailes blanches, venez.

Pauvre folie de jeunesse! Il n'y a plus une île dans l'immense rayon des mers que l'œil curieux du savant ou l'œil avide du marchand n'ait explorée. Il n'y a plus de monde à découvrir. Les enfants de nos écoles sourient à la description des barrières nautiques qui arrêtaient les navires des Phéniciens, et le *nec plus ultra* de l'homme, je sais où il est : je l'ai vu, il y a sept ans, du haut des falaises désertes du Spitzberg aux glaces éternelles du pôle.

C'en est donc fait de la fable mythologique. La réalité vulgaire a remplacé ici comme en tant d'autres lieux le symbole de la poésie. La fameuse montagne qui s'avance sur le détroit du côté de l'Afrique et dont le nom d'Abila signifiait : montagne de Dieu, porte aujourd'hui l'ignoble nom de montagne des Singes; le célèbre Calpé a été troué, casematé par les ingénieurs anglais. La tradition a même altéré le souvenir du général Tarif, qui, en 711, conduisit les troupes sarrasines à l'invasion de l'Espagne, et donna son nom à l'isthme européen du détroit : *Gibel-el-Tarif* (montagne de Tarif), dont nous avons fait Gibraltar. Reconquis par Ferdinand au commencement du XIVe siècle, puis par les Maures en 1333, puis en 1410 par Jusuf III, roi de Grenade, qui fut forcé de l'abandonner l'année suivante, subjugué enfin en 1662 par le duc de Medina

Sidonia, Gibraltar est depuis cette époque resté au pouvoir des chrétiens. L'Espagne, qui comprenait l'importance de cette situation, et qui l'avait fait déjà fortifier de telle sorte qu'elle la regardait comme imprenable, la perdit au commencement de la guerre de Succession. Le capitaine Drinkwater, dans son histoire du siége de Gibraltar, raconte naïvement que l'amiral Georges Rooke ayant été envoyé avec une flotte considérable dans la Méditerranée pour soutenir les prétentions de l'archiduc Charles, et n'ayant pas trouvé une occasion de montrer suffisamment son zèle, résolut de ne point retourner en Angleterre sans avoir au moins tenté quelque action d'éclat. Le 17 juillet 1704, un conseil fut tenu à cet effet près de Tetouan, et divers projets furent mis en délibération. Quelques officiers opinaient pour qu'on allât attaquer Cadix; mais l'amiral pensa qu'il n'avait pas assez de troupes pour se hasarder dans cette entreprise, et par un de ces funestes instincts britanniques, résolut de se diriger sur Gibraltar. Le 21 du même mois, il débarqua dans l'isthme dix-huit cents soldats anglais et hollandais commandés par le prince de Hesse-

Darmstadt, et trois jours après la garnison espagnole remettait cette puissante forteresse à l'insatiable Angleterre[1].

Au mois d'octobre de la même année, les Espagnols voulurent la reprendre. Une armée, commandée par le marquis de Villadarias et soutenue par un corps de troupes françaises, vint attaquer les Anglais, qui reçurent fort à propos un renfort de soldats et de munitions. Le siége se continua en 1705, avec le concours du maréchal de Tessé et de Pointès. Saint-Simon nous a dit dans une de ses grandes pages d'histoire le fatal résultat de cette tentative. « Il arriva un prodigieux secours de Lisbonne conduit par trente-cinq gros vaisseaux de guerre. Ils entrèrent dans la baie de Gibraltar, où ils trouvèrent Pointès avec cinq vaisseaux, qui ne s'y croyait pas en sûreté, mais qui avait un ordre du roi d'Espagne d'y demeurer. Un brouillard fort épais lui déroba la vue de cette flotte, qui tomba sur lui qu'à peine l'avait-il aperçue. Il n'en avait eu aucun avis, quoiqu'il eût envoyé deux autres vaisseaux dans l'Océan pour découvrir et l'aver-

[1] *History of the siege of Gibraltar.* Ed. Murray, 1844, p. 5.

tir, ce qu'ils n'avaient pu faire. Malgré l'inégalité du nombre, le combat dura cinq heures; mais à la fin le grand nombre l'emporta. Trois vaisseaux de soixante pièces de canon chacun furent pris, deux de quatre-vingts pièces de canon, que les ennemis n'osèrent aborder, s'échouèrent. Pointès, qui montait le plus gros, sauva les deux équipages et les brûla après, pour que les ennemis n'en profitassent point, qui après cette victoire, entrèrent à Gibraltar et y jetèrent tout ce qu'ils avaient apporté. Le roi reçut cette mauvaise nouvelle le 5 avril. Cinq jours après, le prélat Renault arriva de ce siége pour lui en rendre compte. Il y avait déjà du temps que le roi pressait pour qu'on le levât, et que le roi d'Espagne s'opiniâtrait à le continuer. Enfin, le 6 mai, il arriva un courrier, dépêché de Séville par le maréchal de Tessé, qui apprit la levée du siége dont il avait tiré tout le canon[1].

En 1726, nouvel effort des Espagnols qui ne réussit pas mieux que les précédents. En 1728, George II manifesta la généreuse intention de rendre Gibraltar à l'Espagne;

[1] *Mémoires du duc de Saint-Simon*, t. VIII, p. 145.

mais le bon roi comptait dans cette occasion sans son habile peuple, qui, lorsqu'il tient quelque terrain avantageux, n'ouvre pas si aisément la main pour le lâcher. Le parlement représenta à sa bénigne majesté que l'Angleterre devait conserver Gibraltar, et elle l'a bravement conservé. On l'a vue, en 1779, 1780, dans le temps même où la guerre d'indépendance de l'Amérique l'obligeait à disséminer ses forces sur tant de points, on l'a vue défendre avec une indomptable fermeté sa colonie de Gibraltar contre les Espagnols qui la bombardaient et la serraient de près. On l'a vue, en 1781 et 1782, résister dans son isthme aux troupes d'Espagne et de France, commandées par le duc de Crillon et secondées dans leur attaque par les batteries flottantes de mon illustre compatriote, le général Michaud d'Arçon de Pontarlier. Ce dernier siége, dont Drinkwater, qui s'y trouvait, a minutieusement raconté les détails, offre un curieux mélange d'ardeur militaire et de procédés chevaleresques. C'est l'une des dernières images de cette courtoisie guerrière qui donne tant de charme aux chroniques du moyen âge. Le 19 août 1782, le duc de Crillon envoie au général Elliot, gouverneur de la ville assiégée, un message pour lui annoncer que M. le comte d'Artois vient d'arriver au camp avec M. le duc de Bourbon et a bien voulu, en passant par Madrid, se charger de toutes les lettres destinées à la garnison de Gibraltar. En même temps, il lui exprime la haute estime qu'il éprouve pour lui et le désir qu'il a de devenir son ami, dès qu'il aura, dit-il, mérité cet honneur en le traitant comme un ennemi. Il lui envoie un bateau chargé de glace, de fruits, de légumes, en le priant de lui indiquer ce qui lui convient le mieux, afin qu'il puisse, selon ses goûts, renouveler cette provision. Le général Elliot répond à cette galante missive par une lettre dans laquelle il se confond en remercîments pour la bonté que Son Altesse Royale a eue de permettre qu'on plaçât dans sa voiture les lettres adressées à Gibraltar. Il félicite les princes de venir s'essayer au métier de la guerre sous un maître aussi distingué que M. le duc de Crillon. En rendant grâce à l'aimable général de son présent, il le prie de vouloir bien ne plus lui en faire d'autres, attendu qu'il ne veut aucun luxe particulier sur sa table et qu'il se fait un devoir de partager les privations des soldats de sa garnison. « J'éprouve, ajoute-t-il, une reconnaissance infinie de la promesse que me fait monsieur le duc de m'honorer de son amitié quand le temps en sera venu. Une fois que les intérêts de nos souverains auront été établis, je saisirai avec empressement la première occasion qui se présentera de réclamer un tel trésor. »

L'année suivante, les deux généraux se réunirent et se jetèrent amicalement dans les bras l'un de l'autre. Le traité de Versailles mettait fin aux hostilités. L'Espagne rentrait en possession de l'île de Minorque, et l'Angleterre gardait Gibraltar. Depuis ce temps, elle n'a cessé de travailler à fortifier cette citadelle, déjà si forte par sa situation.

La montagne de Gibraltar s'élève, comme vous savez, monsieur, à treize cents pieds au-dessus de la mer, en face du promontoire africain, à l'entrée du détroit, qui a environ cinq lieues de largeur dans sa moindre étendue et dix lieues de longueur. Elle s'avance au sein des flots à plusieurs milles de distance de la côte d'Espagne et ne se joint au continent que par une isthme de sable.

Il est probable qu'autrefois cet isthme ne se voyait pas et que la montagne était de tous côtés entourée par les eaux. Je suppose que les Anglais ne demanderaient pas mieux que d'anéantir l'effet de cette petite révolution géologique et de faire de Gibraltar une île complète, une miniature de leur *Britannia*. Tel qu'il est cependant, le vieux mont Calpé me paraît d'une nature assez respectable. De loin, on le voit élevant à la jonction des deux mers ses larges flancs de granit, et de sa tête de colosse dominant la route d'Europe et la route des Indes, les anciens royaumes espagnols de Séville, de Grenade, et le royaume de Fez et l'empire du Maroc. Tel que les ingénieurs anglais l'ont fait, il est en état à présent de voir venir avec un superbe orgueil les troupes ennemies qui oseraient l'attaquer. Figurez-vous, monsieur, un vaisseau de ligne à trois ponts chargé de batteries, hérissé à babord et à tribord d'une triple rangée de canons, et vous n'aurez qu'une faible idée de ce roc immense, percé de tous côtés, et de tous côtés garni de formidables pièces d'artillerie. L'une de ses batteries s'appelle la *Langue du Diable*, sans doute à cause de ses détonations infernales. Une autre, qui est tournée du côté du continent, n'a pas une apparence moins sinistre. Les Espagnols la nomment les Dents de la Vieille (*los Dientos de la Vieja*).

Plusieurs grottes étaient déjà naturellement percées dans l'épaisseur du rocher. Entr'autres, on remarque celle de Saint-Michel, qui est à onze cents pieds au-dessus de la mer, qui s'étend sur un espace de deux cents pieds et dont la voûte est couverte de stalactites brillantes. La mine et le marteau ont fait le reste. Les cavités du Calpé sont maintenant assez larges pour renfermer une nombreuse garnison, et l'on va de l'une à l'autre par un chemin assez large pour qu'on puisse le gravir à cheval. Tous ces travaux, entrepris et achevés en grande partie après le dernier siége par le major général O'Haro, ont dû coûter des sommes immenses. Cependant, l'opinion des gens de l'art est que, dans une guerre prolongée, ces casemates aériennes ne seraient point aussi utiles aux Anglais qu'on pourrait le croire. La fumée des canons y rendrait bientôt tout le travail des soldats impossible, et les pièces pointées de haut ne peuvent avoir l'effet des batteries rasantes. Mais ces dernières batteries n'ont pas été négligées ; elles enlacent dans leur cordon d'affûts, dans leur ceinture de fer la base de la montagne.

La ville est bâtie sur un terrain de sable rouge du côté du nord-ouest au pied du rocher. C'est une longue ligne de maisons bariolées de diverses couleurs, posée, comme une froide page de prose anglaise, entre les images pittoresques des cités arabes et la riante et chevaleresque poésie de l'Espagne. Quand vous entrez dans cette grande rue, qui d'un côté touche à un bastion, et de l'autre à un champ de manœuvres, et qui est à peu près la seule rue de Gibraltar, l'idée ne peut vous venir que vous êtes là sur les frontières de la joyeuse Andalousie, à vingt lieues de Cadix et à vingt lieues de Malaga. Adieu les tendres conjurations de la guitare, les soupirs des sérénades, l'air coquet du *majo*, les dentelles flottantes de la mantille, et les belles églises parfumées d'encens, et les fêtes bruyantes où tout un peuple se précipite avec son ardent enthousiasme. Vous ne voyez que des comptoirs et des boutiques où le marchand anglais poursuit avec un flegme imperturbable le cours de ses graves spéculations; des cabarets où John Bull s'enivre de gin et de porter; car partout où John Bull va s'établir, il faut qu'il emporte son confort national comme Énée emportait ses dieux. Autour de vous, tout est morne et silencieux. On n'entend que le son des balances employées à peser les denrées, le frôlement des balles de coton que Manchester et Liverpool expédient dans ce réceptacle de contrebande pour être frauduleusement répandues en Espagne, les plumes Perry qui crient sur le papier, et de temps à autre les fifres d'un régiment qui nous rappellent que cet arsenal de négoce, ce nid de *smugglers* est aussi un arsenal de guerre.

Le commerce amène cependant ici une quantité de gens de diverses contrées qui, s'ils n'étaient englobés dans la froide atmosphère britannique, présenteraient un spectacle assez curieux. On y voit des Juifs, des Maures, des Espagnols, et ce qui nous a le plus frappés, un régiment superbe de gardes écossaises portant, comme au beau temps des Stuarts, le schako couvert de plumes noires, la jaquette de tartan et marchant à la parade au son de la cornemuse. Je dois dire aussi que tout ce qui a été possible de faire pour établir dans l'enceinte de leurs bastions quelques fleurs et planter quelques arbustes sur le flanc aride du rocher, les Anglais l'ont fait avec une patience exemplaire. Je dois dire encore que de quelques points de la ville, notamment de la terrasse qui touche au champ de manœuvres, on a devant soi un très-grand et très-imposant tableau : la mer parsemée de navires, la vaste rade animée par un mouvement continuel, et, dans le lointain, les côtes bleuâtres de l'Afrique. Mais, de l'aveu même des voyageurs anglais, qui ont toujours à leur service une bonne dose d'admiration pour tout ce qui tient à leur pays, Gibraltar ne peut fixer longtemps les regards de l'étranger. Pour moi, j'en suis sorti avec joie, comme on sort d'une boutique où l'on n'a trouvé ni un objet attrayant, ni une figure avenante, comme on sort d'une citadelle où l'on a peur de se voir enfermé, et peu s'en est fallu que nous eussions ce malheur. Au moment où nous franchissions, pour regagner notre chaloupe, la dernière enceinte des fortifications, le soleil se penchait à l'horizon, et les lourdes portes des remparts roulaient sur leurs gonds.

Au lieu de passer la nuit à Gibraltar, nous allons la passer sur une belle mer azurée, phosphorescente, et demain nous jetons l'ancre dans une autre rade, demain nous arrivons à Cadix. Dieu soit loué! voilà une ville où il est agréable d'entrer et où l'on ne compte les heures et les jours que pour en regretter le cours trop rapide. Si elle n'a pas été construite par le fils de Japhet, comme le prétendent les anciens chroniqueurs, si elle n'est pas le cœur du monde, comme le dit dans son naïf enthousiasme le vénérable Salazar[1], si ce n'est pas là que se trouvaient autrefois les Champs-Élysées, comme le suppose le même écrivain, ce n'en est pas moins l'une des plus délicieuses cités de l'Europe : un port immense où sans cesse arrivent des navires de toutes les régions du globe, des quais superbes, des édifices grandioses, et des rues! ah! quelles rues! étroites, il est vrai, mais alignées au cordeau, pavées avec soin, garnies

[1] Puesta como coraçon de todo el orbe en su medio. (*Grandezas y antiguedadas de la isla y cividad Cadix*, p. 6.)

de trottoirs en dalles de chaque côté, arrosées, nettoyées régulièrement, et bordées d'élégantes maisons à deux ou trois étages. Partout la vie, le mouvement, partout un air de gaieté et de prospérité inimaginable. A chaque maison, de légers balcons voilés par des persiennes ou des rideaux de couleur; dans chaque quartier, des boutiques remplies des productions de l'ancien et du nouveau monde, de la patience chinoise et de l'industrie parisienne, des étalages, non, des terrasses de fruits, de légumes à faire pâmer d'aise une légion de gourmands, et, de quelque côté que l'on se dirige, une population éveillée, animée, parée : les jeunes Andalous avec leur petit chapeau de velours à bords retroussés, et le charmant costume qui leur dessine étroitement la taille, veste ronde, gilet brodé, culottes courtes ornées de rubans; les femmes avec la coquette basquine, glissant sur les dalles d'un pied léger, celles-ci portant encore sur la tête la *redezilla*, d'autres la mantille, et toutes le précieux éventail qu'elles agitent avec une prestesse et une mobilité incroyables. Il y a longtemps que les femmes de Cadix sont renommées pour la grâce de leurs mouvements, et ce que Martial a dit de leur danse pourrait être appliqué à toutes les attitudes qu'elles prennent avec leur éventail.

> Cantica qui Nili qui Gaditana susurrat,
> Qui movet in varios brachia volsa modos.

L'éventail est le complément de chaque toilette, le compagnon obligé de la duègne et de la jeune fille, de la grande dame et de l'ouvrière. Pour décrire tous les usages auxquels on l'emploie, il faudrait entrer dans tous les secrets des *senoritas*. C'est un témoin discret qui a entendu bien des confidences, un voile pudique qui se déploie à propos sur une physionomie embarrassée, un signe de reconnaissance pour un ami, une sauvegarde contre un importun, un télégraphe électrique qui envoie d'une maison à l'autre une dépêche qui ne sera comprise que de celui à qui elle est adressée. Et la plupart de ces précieux auxiliaires de la vie espagnole viennent de Paris. L'Espagne ne fabrique que les plus grossiers; le reste occupe nos plus fins ouvriers. Il en est de cette industrie comme d'une foule d'autres que nous prenons, en pays étrangers, pour des productions indigènes, et qui viennent en droite ligne de la rue Bourg-l'Abbé ou du faubourg Saint-Antoine. Je conseille à ceux qui voyagent en Orient de ne pas se laisser trop promptement séduire par le pompeux langage des Juifs qui peuplent les bazars de Smyrne et de Constantinople. On achète là avec une innocente crédulité des burnous et des tarbouch fabriqués à Lyon ou à Orléans, et l'on rapporte avec soin des chibouks et des yatagans qu'on trouverait à meilleur compte au Palais-Royal. Pour peu que notre commerce avec l'Algérie s'agrandisse, les Arabes n'auront plus d'autres ceintures et d'autres haïks que ceux que nous leur enverrons, les pantoufles mauresques se broderont dans nos ateliers, et je ne désespère pas de voir nos armuriers faire concurrence à la tribu qui taillade ces lourdes lames de sabres qu'on appelle flissas.

Mais quelle sotte idée de me laisser aller à cette divagation industrielle tandis que je suis à Cadix : Belle Cadix, dit Byron, qui t'élèves sur le profond azur de la mer.

Fair Cadix, rising o' er the dark blue sea!

Belle en effet, et d'un éclat extraordinaire

par l'immense horizon qui l'entoure, par les flots qui l'enlacent dans leurs colliers d'argent et d'émeraude, par les frais jardins qui lui font une ceinture de fleurs et de fruits, par ces grandes maisons blanches que de loin on prendrait pour des palais de marbre. Je vais de suite à la cathédrale, de là à l'église des Capucins, à la place San Antonio, à l'Alaméda, et, dans l'avide impatience que j'éprouve de tout parcourir et de tout regarder, je me rappelle ces paroles de je ne sais quel poëte d'Espagne :

Los ochos son dos,
Las causas son muchas.

« Il n'y a malheureusement que deux yeux pour voir, et il y a tant de raisons pour qu'on désire en avoir plus ! »

Dans l'après-midi, les rues, qui étaient déjà si animées, sont tout à coup inondées d'un flot de peuple extraordinaire. L'hôte de la Fonda dell'Europa nous annonce qu'il y a ce jour là un combat de taureaux, et nous offre de nous procurer les meilleures places de l'amphithéâtre, les places *à l'ombre*. Nouveau spectacle inattendu et nouvelle joie. Nous montons aux seconds gradins d'un cirque immense; autour de nous une foule innombrable, hommes et femmes, enfants et vieillards; à nos pieds l'arène de sable que les picadores parcourent déjà dans leur brillant costume, et où le taureau va bientôt s'élancer dans ses bonds furieux. Le programme de la fête, imprimé sur de grandes feuilles de papier jaune, avec les noms des principaux acteurs et le détail des scènes, est superbe. Le fameux Montes doit y paraître, et son neveu, jaloux d'imiter la gloire d'un oncle si célèbre, et un autre matador qui s'est déjà rendu illustre par la fermeté de ses coups de spada, un Ximenes, peut-être de la famille de ce noble Ximenes qui, à Oran, prenait si bien le taureau de Barbarie par les cornes !

Je ne veux pas essayer, monsieur, de vous faire une nouvelle description de ces jeux espagnols si souvent et si minutieusement décrits. C'est une scène à laquelle on assiste dans une espèce de fièvre, et d'où l'on ne sort que dans un trouble extrême. Quel bruit! quel vacarme! L'agitation de nos parterres, dans une soirée tumultueuse, n'est qu'une fade plaisanterie comparée à l'effervescence de ces milliers d'individus de tout rang, de tout sexe, de tout âge, qui suivent et jugent, et condamnent ou encouragent avec une ardente passion toutes les péripéties du drame sanglant étalé sous leurs yeux. Là le spectacle est partout, dans les loges, dans l'arène, à chaque balustrade, à chaque degré de l'amphithéâtre. Là il y a plusieurs tragédies qui s'accomplissent en même temps : tragédie du pauvre cheval éventré par un coup de corne, tragédie du picador désarçonné et exposé à la rage de son adversaire, tragédie du taureau qui, après sa lutte désespérée, se roule en écumant et en mugissant sur le sol; puis la comédie perpétuelle des marchands de noisettes qui courent de gradins en gradins, et les éventails en mouvement, et les atroces injures qui de toutes parts pleuvent sur une pauvre bête ou sur un pauvre acteur reculant devant le péril, et les applaudissements frénétiques qui retentissent à l'aspect d'un athlète courageux. Fi du talent et du génie! Jamais la musique de Mozart, les vers de Racine, le geste puissant de Talma, la voix dramatique de Rachel, n'ont excité un enthousiasme comparable à celui qui éclate à la vue d'un taureau résistant intrépidement à l'aiguillon de la lance, au dard de la bandillera, à la pointe de l'épée. Et lorsque ce taureau a jusqu'à la fin noblement rempli son rôle, lorsqu'il tombe harassé de fatigue et couvert de blessures, on attelle deux mules à ses cornes, on l'entraîne hors du cirque. Son règne dramatique est passé, et l'on en attend un autre. N'accusons pas les Espagnols de cruauté. Leurs jeux sanguinaires ne sont qu'un grossier simulacre de ceux auxquels nous assistons sans cesse dans l'orageuse arêne de ce monde. Hélas! hélas! combien d'hommes énergiques ont été ainsi donnés en spectacle à la foule, lacérés par l'envie, déchirés par la méchanceté, applaudis dans leur lutte audacieuse, puis rejetés hors de la lice quand leur courage et quand leurs forces sont écrasés.

Le soir nous retrouvions une partie de cette même foule bruyante se promenant sur la place Mina, dans les allées de l'Alaméda avec la dignité espagnole, et respirant en silence l'arôme des arbres en fleurs, les brises rafraîchissantes de la mer. Le lendemain nous retrouvions dans cette grande ville maritime et cette grande ville de commerce d'autres scènes, d'autres images non moins intéressantes que celles de la veille. Oh! l'Espagne! l'Espagne, cette terre de la noblesse chevaleresque et de la poésie religieuse, des facéties philosophiques de Cervantès, et des romanceros, des brigands de mélodrames, et des autos santos de Calderon, des montagnes sinistres et des paysages éblouissants, cette terre qui a dominé les deux hémisphères, et qui depuis vingt ans se déchire de ses propres mains sans épuiser sa vitalité.

Oh lovely Spain! renowned, romantic land!

Voilà deux fois en dix ans qu'un heureux hasard m'y conduit et que je ne fais que toucher à ses rives. Il me semble que deux fois j'ai posé mes lèvres aux bords d'une coupe pleine de poésie qu'il a fallu quitter avant de l'avoir savourée. L'heure de notre départ est fixée. J'espérais que *le Montezuma* ne trouverait pas si vite sa provision de charbon, mais il l'a trouvée. Quel malheur qu'à Cadix les magasins nautiques soient si bien remplis et les portefaix si expéditifs! Nous virons de bord dans la rade, nous nous retournons pour saluer encore tout ce que nous avons vu et tout ce que nous n'avons pas vu : l'île de Léon avec ses deux villes, et le Guadalquivir qui remonte à Séville et Xérès où Rodrigue perdit son royaume :

> Ayer era rey de Espana,
> Hoy no lo soy de una villa.

Bientôt Cadix s'abaisse à nos yeux, s'efface graduellement et semble s'enfoncer dans les vagues qui l'entourent. Nous voguons rapidement sur la mer assouplie, et dans l'après-midi nous nous arrêtons en face de Tanger, l'ancienne Tingis des Romains, la Tandja d'Edrizi, prise par les Portugais en 1471, cédée aux Anglais en 1662; démantelée, abandonnée par nous en 1684, réveillée, en 1844, dans sa somnolence marocaine par les intrigues et par les efforts d'Abd-el-Kader, et signalée à l'attention de l'Europe par les coups de canon de l'escadre française sous les ordres de M. le prince de Joinville.

Nous oublions promptement en France les événements qui nous ont le plus intéressés; nous étendons si vite le voile de notre pacifique générosité sur les offenses qui nous ont été faites, que je suis presque tenté, monsieur, de vous raconter comme une page d'histoire ancienne cette expédition qui remonte déjà à cette lointaine date de deux ans, de vous dire comment l'amiral Wilson, gouverneur de Gibraltar et M. Drummond-Hay, consul d'Angleterre, déterminèrent eux-mêmes l'empereur du Maroc à soutenir Abd-el-Kader, à lui donner le kalifat de Riff, et comment, par leurs instigations et par leur appui, Abd-el-Kader rentra en campagne contre nous dans le temps même où l'on proclamait à notre tribune parlementaire la plénitude parfaite de l'entente cordiale, et comment la bataille d'Isly, le bombardement de Tanger et de Mogador ne nous amenèrent, grâce encore à l'intervention des agents anglais, qu'à conclure avec Abd-er-Rhaman un traité timide et insuffisant.

Nos relations avec l'empire du Maroc ont été pendant très-longtemps d'une nature fort paisible. Elles remontent jusqu'au règne de François Ier. Elles prirent un caractère plus déterminé vers Henri IV, et furent sanctionnées du temps de Louis XIII par un traité en vertu duquel des consuls français s'établirent à Maroc, Safi, Sainte-Croix et Salé[1]. Dès

[1] *Mémoires historiques et géographiques sur l'Algérie*, par

que les Anglais eurent pris possession de Tanger, notre accord avec le Maroc cessa. Louis XIV le rétablit, et vous savez que, dans son enthousiasme pour la France, l'empereur Muley-Ismaël fit demander en mariage la princesse de Conti[1]. Lorsque le traité d'Utrecht eut assuré aux Anglais la possession définitive de Gibraltar, ils travaillèrent de nouveau à soulever le Maroc contre nous. Cependant, en 1789, l'empereur Sidi-Mohammed refusa de s'associer au dey d'Alger qui lui proposait de pourchasser les bâtiments français; et, en 1817, pendant l'affreuse disette qui désolait la France, Muley-Soliman nous ouvrit les ports de son empire et permit à nos navires d'y charger des approvisionne-

M. Pellissier. — *Le Maroc et ses caravanes*, par M. Thomassy. Paris, 1845.

[1] Son successeur conserva les mêmes sentiments de confiance et de sympathie envers nous. « Il y a plus de douze ans, disait en 1763, un de nos commerçants, que l'empereur du Maroc m'assura pour la première fois qu'il aimait mieux la paix avec la France qu'avec toute autre nation, parce qu'il savait que les Français étaient industrieux, sincères et bons négociants, que la France avait presque toujours eu la paix avec le Grand-Turc, et parce que la nation française faisait le commerce dans toute l'étendue de sa domination. » (*Le Maroc*, par M. Tomassy, p. 247.)

ments de blé sans payer de droit d'exportation. Pendant la Restauration, la France n'a payé au Maroc aucun tribut, et nous vivions en fort bonne intelligence avec les diverses peuplades qui, sur la Méditerranée et sur l'Océan, occupent les côtes de cette contrée.

Après la prise d'Alger, les Anglais devaient nécessairement travailler à nous susciter sur les plages d'Afrique et autour de nos nouvelles possessions toutes sortes d'obstacles, et ils se sont acquittés en conscience de cette tâche glorieuse. La campagne de 1844 a été le résultat le plus éclatant de leur système d'hostilité; mais combien d'autres insurrections, moins décisives que celle-ci, ont été encouragées et soudoyées par eux? Dans le tableau des dépenses qui fut présenté en 1815 au parlement britannique, figurait une somme de seize mille deux cent soixante-dix-sept livres sterling (près de quatre cent mille francs), qui, dans l'espace de seize ans, avait été payée au Maroc pour le maintenir en état de guerre contre nous. Si l'on ajoute à ce chiffre les quatre cents livres sterling que le gouvernement anglais accorde annuellement à son consul de Tanger pour dépenses extraordinaires, on verra que sans compter les appointements réguliers du même consul, il en a coûté, de 1797 à 1814, plus de cinq cent cinquante mille livres à l'Angleterre pour séduire l'avarice des pachas du Maroc et les rendre hostiles à la France. Qui sait ce qu'il lui en a coûté depuis 1830, d'armes, de munitions, de frais de diplomatie pour seconder la révolte des diverses tribus de l'Algérie, raviver les espérances d'Abd-el-Kader et pousser à la guerre le craintif Abd-er-Rhaman ! Gibraltar et Tanger sont les deux champs de manœuvres où s'exerce cette politique envieuse qui, ne pouvant, malgré son bon vouloir, nous enlever l'Algérie, s'efforce du moins de nous en rendre la possession aussi difficile, aussi inquiète que possible. Outre les crédits patents et les crédits secrets qui lui sont ouverts selon les circonstances, le consul de Tanger jouit d'un traitement de trente mille francs. Il a sous ses ordres un vice-consul ; un interprète, un secrétaire arabes, également payés par le gouvernement, et occupe une maison princière.

Cette ville de Tanger, qui deux fois résista aux armées portugaises, qui fut donnée en dot à l'infante Catherine lorsqu'elle épousa Charles II, présente un triste aspect. Ses remparts, détruits par les batteries du *Suffren*, du *Jemmapes*[1], n'ont pas encore été relevés, et les élégantes habitations des consuls étrangers qui s'élèvent dans leur enceinte écrasent par leurs proportions les petites maisons mauresques en plâtre dont ils sont entourés. A voir ces édifices avec leurs larges façades et leurs bannières flottantes, il semble que ce soit l'Europe qui règne à Tanger, et que les rares indigènes se courbent à ses pieds comme un peuple d'esclaves. Le port est dans un tel état que les légères chaloupes du *Montezuma* n'ont pas même pu nous conduire jusqu'au rivage. Une vingtaine de Maures, qui spéculaient sur notre débarquement, se sont jetés à l'eau, et accourant à notre rencontre de toute la vitesse de leurs jambes, se sont disputé l'honneur de nous porter sur leurs

[1] Quand l'expédition commandée par M. le prince de Joinville parut devant ces murs, il y avait encore là soixante-dix canons en bronze, de huit à vingt-quatre livres; cent soixante canons en fer de même calibre et douze mortiers.

épaules. Pour chacun de nous, le procédé de locomotion était fort simple; il ne s'agissait que de se mettre à califourchon sur un dos assez robuste, et de tenir ses pieds à une hauteur suffisante pour ne pas les tremper dans l'eau salée. Pour une femme la question est plus délicate. Les Maures s'acquittent cependant assez adroitement de cette tâche. Ils se placent deux à deux, l'un vis-à-vis de l'autre, et entrelacent leurs mains de manière à former une espèce de fauteuil sans dossier il est vrai, mais protégé à droite et à gauche par une robuste poitrine. D'une façon et de l'autre, la population voyageuse du *Montezuma* est arrivée sur la plage de Tanger, et nous sommes entrés dans la ville suivis de tous ceux qui avaient trouvé le fardeau assez lucratif pour vouloir le reprendre une seconde fois, et de tous ceux qui aspiraient à s'en emparer.

Par sa situation sur le détroit, par son voisinage de l'Algérie et de l'Espagne, Tanger pourrait être une importante place de commerce. M. Groberg de Hemsœ, à qui nous devons un très-bon livre sur le Maroc, dit qu'il serait facile d'améliorer le port délabré de cette ville, de le mettre à l'abri des orages[1], et derrière ses remparts s'étend une campagne dont on peut tirer d'abontantes récoltes. Mais l'empire du Maroc est dans un état de barbarie grossière qui ne se doute d'aucune idée intelligente et vit au jour le jour, sous le régime despotique et rapace de ses pachas, sous le poids de son ignorance. On compte dans cette antique cité environ dix mille habitants, dont deux mille cinq cents juifs, mille quatre cents nègres, et une centaine de chrétiens. Les juifs sont ici, comme dans toutes les contrées arriérées, des hommes actifs et entreprenants; mais leur activité ne s'exerce que dans un cercle de petites combinaisons mercantiles, et la civilisation européenne, représentée par les consuls de France, d'Angleterre, de Danemark, de Suède, des États-Unis, d'Espagne et de Hollande, brille inutilement aux yeux de cette population, qu'une guerre fanatique, un pèlerinage religieux ou un besoin pressant peuvent seuls arracher à son inertie. Tout

[1] Ha uno piccolo porto che, con poca spesa per riedificare il modo disfatto, si potrebbe rendere oltremodo sicuro. (*Specchio geografico e statistico dell' imperio di Marocco*. Genova, 1834.)

dans cette ville annonce, comme dans la plupart des anciennes cités d'Orient, les funestes résultats d'un despotisme sans frein, d'une administration aveugle et d'une indolence difficile à émouvoir : les maisons misérables, les rues sales et mal entretenues, et les hommes à la fleur de l'âge accroupis paresseusement dans les plis de leur manteau de laine sur le seuil de leur porte.

La peinture que M. Groberg de Hemsœ a faite du caractère des Marocains est un des plus tristes tableaux que nous connaissions, et l'on peut s'en rapporter aux renseignements de cet écrivain, qui a passé douze ans dans le Maroc, et qui était dans une situation très-favorable pour le bien observer.

« Ces gens, dit-il, sont et seront encore longtemps les mêmes barbares qu'au temps de Salluste, de Procope; les mêmes hommes inconstants, perfides, menteurs, cruels, qu'on ne peut gouverner ni par la crainte ni par les bons traitements. Leur physionomie a une expression brutale, sinistre, qui excite le dégoût, si ce n'est la terreur. Leurs passions dominantes, c'est l'amour des femmes, l'ambition, la vengeance, l'avarice. Privés de spectacles, de réunions intelligentes et des joies de l'étude, ils se livrent sans réserve à la volupté. Toute idée de bienveillance et d'humanité leur est inconnue. Orgueilleux et arrogants envers leurs inférieurs, ils sont vils, rampants envers leurs supérieurs, et de la plus ignoble servilité envers les personnages puissants. Doués des facultés de la mémoire, ils ne s'en servent que pour se rappeler les offenses qu'ils ont reçues et entretenir leurs motifs d'inimitié. Ils ont de l'esprit, de la pénétration, et ils n'emploient ces qualités qu'à des œuvres de trahison. Soupçonneux et défiants, peut-être moins encore par une disposition naturelle que par l'effet de leur existence précaire, ils fouleront aux pieds, dès qu'ils y trouveront leur intérêt, tous les liens de la parenté et de l'amitié. Pour réussir dans leurs projets, ils auront recours aux plus basses adulations. Il ne faut pas attendre d'eux le moindre acte de générosité ou de désintéressement; si vous les voyez montrer quelque libéralité, soyez sûrs qu'ils n'agissent ainsi que dans l'espoir de retirer d'un sacrifice passager un plus grand profit.

« Leur avarice incroyable justifie le proverbe qui dit qu'ils se feraient volontiers arracher un œil, si l'on devait le couvrir d'une pièce d'argent. Mais comme ils savent que toute apparence de fortune les expose à mille vexations, ils s'efforcent constamment à paraître pauvres. Ainsi, jamais vous ne les entendrez parler de leurs économies ni des biens qu'ils possèdent. Et si vous voulez effrayer un Marocain, vous n'avez qu'à vanter sa richesse. Stupidement fanatiques, ils abhorrent tous les étrangers, persécutent les chrétiens, les juifs, haïssent surtout les Turcs comme des hérétiques, et les catholiques qu'ils regardent comme des idolâtres, parce qu'ils croient que les catholiques adorent des statues [1]. »

Le seul édifice que nous ayons remarqué à Tanger est une assez large mosquée pavée en porcelaine. Les autres ne méritent pas qu'on s'arrête à les regarder. Nous avons demandé quelques-uns des produits du pays, de ceux qui ont un caractère distinctif, et qu'on aime à emporter avec soi comme un témoignage des lieux lointains où l'on a passé, comme une feuille du grand herbier de l'industrie

[1] *Specchio dell' imperio di Marocco*, p. 83.

humaine. Une douzaine de juifs sont arrivés au consulat de France, le dos courbé sous une cargaison de peaux tannées, de pantoufles en cuir rouge et jaune, d'armes bizarres, mais grossièrement travaillées, et chaque chose cotée à un chiffre extravagant. Je vois bien qu'il faudra que je revienne à Paris, et que j'aille faire une tournée sur les quais pour trouver au prix le plus juste les vraies curiosités du Maroc. Et j'y reviens non sans jeter encore avec un profond regret un regard pensif, un regard avide sur ce détroit que nous avons franchi, sur cet Océan où nous sommes entrés. Là-bas est l'antique empire des Incas, là-bas un autre monde que je ne connais que par de merveilleux récits. Dans l'espace de quelques semaines j'aurais pu voir la magique corbeille de fleurs des Antilles, entrer dans les enchantements du Brésil, traverser les pampas, gravir les cimes de glace des Cordilières. Quelle ravissante perspective, et comme elle me rappelle ces rêves dont parle Sainte-Beuve, ces rêves dont les charmes

Relancent au désir le cœur qui se retient.

Dieu veuille qu'un jour je puisse les réaliser!

Qui sait?... En attendant, la puissante machine du *Montezuma*, aidée d'une bonne brise, nous pousse rapidement sur les flots de la Méditerranée. En deux jours nous longeons toute la côte d'Espagne, et nous revenons rejeter l'ancre au point d'où nous sommes partis, dans la jolie rade de Port-Vendre. J'ai fini mon itinéraire algérien.

Pardonnez les fautes de l'auteur.

FIN.

TABLE.

BIBLIOTHÈQUE ROYALE

FIN DE LA TABLE.

www.ingramcontent.com/pod-product-compliance
Lightning Source LLC
LaVergne TN
LVHW020533230826
846091LV00002B/260

* 9 7 8 2 0 1 9 1 4 6 2 7 6 *